JN032640

noteではじめる新しいアウトプットの教室

楽しく続けるクリエイター生活

コグレマサト ［ネタフル］　まつゆう*

改訂版

インプレス

はじめに

　あなたは「note」というサービスを知っていますか?

　note は、クリエイターとユーザーをつなぐことができる新世代の Web サービスです。ここ数年、インターネットを使って発信している、またはコンテンツを受け取っている人であれば、note を知らない人は少ないのではないでしょうか?　知らないという方のために簡単に説明させていただくと「文章、小説、写真、マンガ、イラスト、音楽、音声、映像などの作品を至極シンプルに投稿することができ、ブログのような使い方も、SNS のような使い方も、自分の投稿したコンテンツを販売することもできる。いろいろな可能性を秘めたサービス」それが、note です。

　実際に使用してみるとわかりますが、note というサービスはやさしくほっこりとした印象をもっています。この空気感に惚れこんでか、さまざまなクリエイターや著名人などが、note のアカウントを開設して日々発信し活用されています。利用ユーザーもあっという間に増えていき、2020 年 5 月には会員数 260 万人を突破。いまもっともクリエイティブ熱量が高い場所ではないか?　と私も肌で感じています。

　さあ!　皆さん、note の世界へようこそ。

　サービス名からもイメージしやすいと思いますが、学生時代に使っていたあの「ノート」がサービス名の由来です。何かを誰かに向けて表現したい、発表したい。そんな気持ちがほんの少しでもあったなら、まっさらで無垢で白いノートを好きな言葉で埋め尽くし、自分色に染め上げて発信していきましょう!

　本書では、アウトプットしたいけど自信がない人や、すでに書いているけれど活用できず伸び悩んでいる人、note に限らず

続かなくてフェードアウトしてしまう人などに向けて、インターネットで情報発信を 20 年以上続けている著者 2 人のノウハウの中から「書き方」「伝え方」「続け方」を思いっきり詰め込んでみました。「こんな方法があるよ」「こうやってみたら？」と背中をそっと押す、もしくはそういう人に寄り添って伴走するような存在にこの本がなれればと思い、本書を書かせていただきました。もちろん note 初心者の方や note を活用したい企業・団体への解説もしっかり詰まっていますのでご安心ください。

　note のサービス自体にも、書き手が長く「続けたくなる」モチベーションを保つ機能や、「ネタに困らない施策」などがたくさんありますので、うまく取り入れる方法もお伝えします。たとえばですが、SNS の［いいね！］にあたるものとして［スキ］という機能が note にはあります。通常の SNS ではそのサービスに入っていなければ［いいね！］をクリックすることはできません。一方 note ではユーザー登録をしていなくても［スキ］ボタンがすべてのネットユーザーに開放されていて、誰でもクリックすることができます。この例からも note のやさしい精神が伝わるかと思います。

　note の中の人たちは、サービス自体を「街」にたとえています。理想の街はニューヨークだそうです。ニューヨークには「いろいろな人種、文化、アート、考え」が存在します。たくさんの素敵なものがミックスされた大きな街を目指して発展させていこうとがんばる note だからこそ、自由なクリエイティブが日々成長していっているのだと感じました。また note のスタッフさんたちは毎日「よい記事を見落とさないように！」とまるで宝探しをしているかのように、ユーザーの投稿を読んでいるそうです。

2020 年、新型コロナウイルスにより、人々は生活様式を大幅に変えなくてはならなくなりました。人と自由に会うことができなくなり、働き方も変わり、家にいる時間も増えました。とても大変でつらいことですが、ポジティブにとらえると自分自身と向き合う時間が増えた人も多いのではないでしょうか？　この時期をチャンスに変えるべく、あなたの中にある、クリエイタースイッチをオンにして note でアウトプットにチャレンジすることをおすすめします。

　さあ、皆さんも今日から note クリエイター！（※ note を書く人をそう呼びます）

　末永く楽しいアウトプット生活が続くために、少しでも本書がお役に立てれば幸いです。

2021 年 3 月　まつゆう＊

目次

第 3 章

note を書く

第4章

ステップアップする

第5章
自分らしくまとめるマガジン

第6章
継続して表現し続ける

第 7 章

先輩クリエイターに聞く
アウトプットの極意

第1章

noteの
基本

アウトプットではじまる世界

　インターネットの世界では「情報を発信しないのは存在しないのと同じこと」といわれることがあります。「好きの反対は嫌いではなく無関心」という言い方があるように、「情報発信していない自分」がそこにいるのではなく、そもそも「存在を認めてもらえない」という壁が立ちはだかります。でもこれを覆すのは簡単です。声を上げればいいのです。テキストでも、イラストでも、音楽でも。

　「個人クリエイターが自分のメディアとしてコンテンツを発表するプラットフォーム」として登場した「note（ノート）」はいま、ブログサービスの一翼も担いながら成長を続けています。2021年のいま、クリエイターがインターネット

　で情報を発信するなら、コミュニティーとしても機能しているnoteを使わない手はありません。ツールとしても、表現の場としても、noteは飛躍的に成長している存在です。

　1990年代からアウトプットをし続けてきた者の実体験として書きます。情報発信＝アウトプットをし続けていれば、確実に人生は変わります。ブログで生活を成り立たせたり、書籍や雑誌で執筆したり、愉快な仲間たちが増えたり、どれもアウトプットを続けてきたからだと断言できます。

　そして、アウトプットのためのツールとして、いまおすすめなのがnoteです。noteをはじめてみませんか？　未来はあなたの指先からはじまります。（コグレ）

01 note とは何か?

新しい形のソーシャルメディア

note がリリースされたのは 2014 年 4 月のことです。いまから
もう 7 年も前のことになります。リリース当時、ブロガー仲間と
熱狂したことをよく覚えています。なぜ熱狂したか?　それはコ
ンテンツに課金する仕組みを備えていたからです。

それまでにも、「投げ銭」のような形でコンテンツに対して少
額を支払うマイクロペイメントという仕組みが何度も登場しては
消えていきました。ブログを書くこと……つまりコンテンツをつ
くり、それをマネタイズするには、広告を貼るという方法しかほ
ぼなかったといっても過言ではありません（Google AdSense や
アフィリエイトなど）。

その壁を飛び越え、コンテンツに課金することを当たり前にす
べく登場したのが note でした。2021 年現在、「note でコンテン
ツを購入している」「note に課金している」という人はかなりの
数にのぼっているのではないでしょうか。

note というとまず課金の仕組みに目がいきがちですが、古く
からコンテンツをつくっている者からすれば、それはあくまでも
コンテンツの出口としての結果でしかありません。重要なのは、
コンテンツの入り口です。つまり、どれだけコンテンツをつくり
やすいか、そしてどれだけコンテンツが読みやすいかというとこ
ろです。コンテンツがつくられなければ読まれませんし、コンテ
ンツが読みやすくなければそもそも読まれません。

note ＝ノートというサービス名は、実に神がかっていると最

近になってあらためて感じるようになりました。だって「ノート」なんですよ。小学生のときの自由帳や学生時代の大学ノートを思い起こす人もいるかもしれません。まさに note はノートなんです。真っ白なスペース。何を書いてもいい場所です。雑多だけれどクリエイティブなコンテンツが集合している場所……これを note ＝ノートといわずしてなんと呼んだらいいのでしょうか。

note は自由

note は自由です。自由だからこそ、発想が求められる場合もあります。むしろ Twitter のように 140 文字という制約があったほうがいいと感じるときもあるかもしれません。でも、真っ白な場所、何でも描ける場所だからこそ、クリエイターたちが note に集まっているのだと考えています。

逆にいえば、自分で制約をつくってもいいんですよ。毎日、「300 文字の日記を書く」とか、「夕食の写真と一言コメントだけを投稿していく」とか。読まれるかどうかは未知数です。でも、note というのはそのくらい自由なものだと考えてください。

いま、あなたの目の前には真っ白なインターネット上のスペースが開かれました。突き放すようですが、何を書くかはあなた次第です。どう書くかもあなた次第です。でも、ヒントはあります。本書の中で、note の書き方のヒントをたくさんご紹介しますので、ぜひ一歩を踏み出してください。踏み出さないと何もはじまらないですよ！

ちょっとかっこつけて書きすぎちゃいましたか？
でも皆さんが「いっちょ踏み出してみるか」と思って
いただけたら幸いです！

02 note で踏み出す はじめの一歩

note の世界に飛び込もう

ここでは実際に note を開始するための手順を説明していきます。note はブログサービスのようでもあり、SNS のようにも機能します。とはいえ難しく考えることはありません。Twitter やFacebook にユーザー登録したことがある人は多いと思いますが、手順としては似たようなものです。クリエイター名と note ID、メールアドレス、パスワードで登録できます。もちろん note の利用は基本的には無料です。

ユーザー登録が完了すれば、note の世界への扉は開かれます！

note がユニークなのは、アウトプットしない人でもユーザー登録していることがあるという点です。コンテンツを発信するためのプラットフォームとしての note があり、そこに書き手ら情報発信者としてのクリエイターが集まっています。ということは、note には読み手も集まってくるのです。ユーザー登録せずに読むことも可能ですが、ユーザー登録することでお気に入りのクリエイターを「フォロー」することができるようになります（大好きなクリエイターのコンテンツをより追いかけやすくなります）。

まずは note がどんなところか様子見したいという人も、note は大歓迎です。ユーザー登録を済ませて、note の世界に飛び込んでみましょう。

note ID とクリエイターページ

　最初にユーザー登録をする際に「クリエイター名」を登録しますが、それとは別に「note ID」も設定します。「note ID」というのは、自分のクリエイターページの URL の一部になるものです。たとえばぼくは「kogure」が「note ID」で、クリエイターページの URL は「https://note.com/kogure/」となります。もちろん覚えやすいものがいいのですが、早い者勝ちです。人に告知するもの、と考えて設定するようにしましょう。

アカウントを登録する

note のトップページを表示しておく
https://note.com

①[新規登録] をクリックして、新規登録画面を表示

次のページに続く

②クリエイター名、note ID、メールアドレス、
パスワードを入力

法人の方はこちら

noteに登録する

クリエイター名（noteで表示される名前です）

森本ゆりこ

note ID（あなたのURLに使われます）
3〜16文字の半角英数字・_（アンダースコア）

yuriko_morimoto

メールアドレス

example@mail.com

パスワード
8文字以上の半角英数記号

・・・・・・・・・・　　　　　　　　　　　　　　　👁

パスワード強度: 高

✓ 私はロボットではあり
ません
　　　　　　　　　　reCAPTCHA
　　　　　　　　プライバシー - 利用規約

☑ 利用規約に同意する

登録する（無料）

ソーシャルアカウントで登録

🐦 Twitter　　　　　f Facebook

クリエイター名に入力した
文字列が自分の名前とし
て他のユーザーの目にす
る画面に表示される

すでに使用されている
note ID は登録できない

③[私はロボットではあり
　ません]にチェックマー
　クをつける

④リンク先の利用規約を
　確認してチェックマー
　クをつける

⑤[登録する（無料）]を
　クリック

⑥興味のある
ジャンルを
選択

⑦[次へ]を
クリック

おすすめのマガジンが
表示される

⑧気になるマガジンの［フォロー］を
クリック

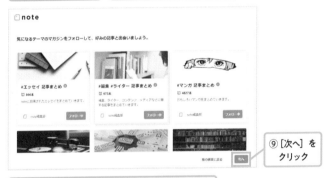

⑨[次へ]を
クリック

選択したジャンルに関連するクリエイターが表示される

⑩気になるクリエイターの
［フォロー］をクリック

⑪［noteをはじめる］
をクリック

次のページに続く

認証メールの送信を通知する画面が
表示される

⑫ [×] をクリック

⑬ メールアドレスにアカウント登録の
確認メールが送信されるので確認

メールが届いていない場合は [認証メールを
再送する] をクリックする

⑭ 確認メールの本文の [本登録を完了する] をクリッ
クすると、画面上部のメッセージが消える

アカウントの登録が完了した

クリエイターページの画面構成

　クリエイターページは読んで字のごとくあなたのページです。他の人があなたについて note で閲覧するときは、このクリエイターページを見ることになります。つまりこのページはあなたの顔代わりとなります。プロフィールアイコンとヘッダー画像は好みのものに変更できます。人に伝わる大事なイメージです。

　他にもクリエイター名、自己紹介文があります。いずれも大事なアピールと考えて入力しましょう（あとから変更することも可）。

次のページに続く ▶

自分のクリエイターページを表示する

①顔のアイコンをクリック

② [自分のクリエイターページを表示] をクリック

自分のクリエイターページが表示された

プロフィールアイコンやクリエイター名、フォロー／
フォロワーの数などを確認できる

他のユーザーが自分のクリエイター名やプロフィール
アイコンをクリックしたときにも、この画面が表示さ
れる

プロフィールを編集する

①[設定] を
クリック

プロフィールアイコンを
設定する

②ここをクリック

③表示された画面で
プロフィールアイ
コンに設定する画
像を選択

④画像やスライダーをドラッグしてプロ
フィールアイコンとして利用する範囲
を決める

⑤[保存] をクリック

プロフィールアイコンを設定できた

次のページに続く

⑥ここをクリックしてプロフィールアイコンと同様にヘッダー画像を設定

⑦テキストボックスをクリックして自己紹介を入力

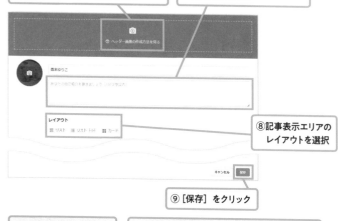

⑧記事表示エリアのレイアウトを選択

⑨[保存]をクリック

この画面でクリエイター名を変更することもできる

バッジ獲得の通知画面が表示されたら、[×]をクリックして閉じる

プロフィールを編集できた

「ユーザー登録から設定がいろいろあるんだな」と感じるかもしれませんが、あとから変更できるものもあります。まずは登録だけでも！

03 note を 使いやすく設定する

大事な設定を確認する

note はコンテンツを投稿するために無駄を削ぎ落としたシンプルなシステムとなっています。それが note のよさであり、誰にでもとっつきやすいユーザーインターフェースとなっています。シンプルな投稿画面は「書きたい！」という気持ちを増幅させてくれます。

特に設定をいじらなくてもそのまま書きはじめられるのが note のよさですが、実は細かく設定できる項目もあります。書くことに直接関わる設定ではないのですが、のちのちの運用を考えて確認しておくと意外に便利なのが［アカウント設定］です。

［アカウント設定］では、主に［ソーシャル連携］［メール通知設定］［ユーザー設定］の設定変更を行えます。どれも普段の運用に関わる設定です。

［ソーシャル連携］では Twitter アカウントと連携することができます。連携すると、Twitter でシェアしたときに、その記事を書いた人の Twitter ユーザー名が表示されるようになるので、自分の記事を誰かがシェアしたときに気づきやすくなるというメリットがあります。

メールによる通知が多すぎると感じる人は、必要なもの、不要なもののオン／オフを設定できます。中にはアプリの通知で大丈夫というものもあると思います。一度確認しておくといいでしょう。

［ユーザー設定］では［note 未登録ユーザーの購入を許可する］や［自分の記事の下に他のクリエイターのおすすめ記事を表示す

次のページに続く ▶

る］といった項目のオン／オフを設定できますので、こちらも一度は確認しておきたい内容です。

オン／オフできる設定一覧

● ソーシャル連携

Twitter

● メール通知設定

フォローされた時／スキをされた時

コメント欄の更新時

フォロー中のマガジンの更新お知らせ

あなたの記事がマガジンに追加された時

あなたの記事が他のクリエイターの記事で話題になった時

購入したマガジンに記事が追加された時

あなたの記事が読者にオススメされた時

フォトギャラリーで公開した画像が使用された時

参加しているサークルに投稿があった時

サークルのコメント欄の更新時

サークルの入退会数のお知らせ（月一回）

note からのお知らせ

● ユーザー設定

note 運営がプロモーションを手伝うことを許諾する

note 未登録ユーザーの購入を許可する

自分が投稿した記事を明朝体で表示する

サポート機能を使った支払いを受け付ける

自分の記事の下に他のクリエイターのおすすめ記事を表示する

メール通知などを設定する

① プロフィールアイコンをクリック

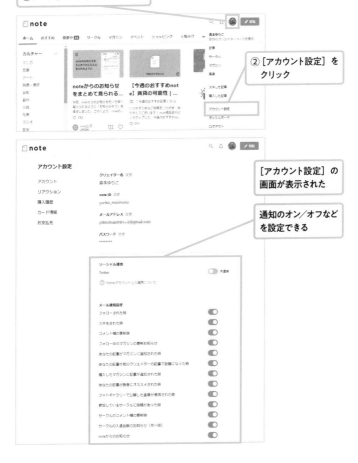

② [アカウント設定] を
クリック

[アカウント設定] の
画面が表示された

通知のオン／オフなど
を設定できる

noteのコツやヒントになる記事をまとめた「noteを
まなぶ」というページもあります。参考になるリンク
がまとめられていますので、ご覧ください。

04

note の使い方

「書く」「読む」が基本

　note の基本的な使い方は、「書く」と「読む」です。note にログインした状態でトップページにアクセスすると、自分の「タイムライン」が表示されます。メインで表示されるのは、フォローしている人の note の更新情報なので、誰をフォローしているかによって内容が変わります。自分がフォローしている人たちの更新情報がわかるので、新着記事を読んでいくことができます。

　画面の上部には、［おすすめ］［募集中］［マガジン］［イベント］などのタブがあります。どんな note が話題になっているのか、人気のある note がどんなものかを知りたい人は、まずはここから読みはじめるといいでしょう。おすすめの記事は、note 編集部が毎日 2.6 万本以上アップされる記事に目を通し、その中から選定しているそうです。ここに掲載されることを目標の 1 つにしてもいいかもしれませんね。

　右上にあるプロフィールアイコンをクリックすると、各種設定の確認や変更ができるメニューが表示されます。その隣のベルアイコンをクリックすると、自分の note に対するアクションなどを通知として受け取ることができます。虫眼鏡アイコンは検索です。新規に記事を投稿する際には［投稿］をクリックしてください。

　タイムラインに読みたい記事があればクリックして読み進めます。記事の下部には、ハートアイコンが常に表示されています。これは「スキ」を表明するためのボタンです。もし内容が気に入ったらどんどんクリックしていきましょう。［スキ］は書き手に通

知されるので、書き手の励みにもなります。何か伝えたいことが
あれば「コメント」します。書き手とコミュニケーションをとる
ことができます。

note のトップページの構成

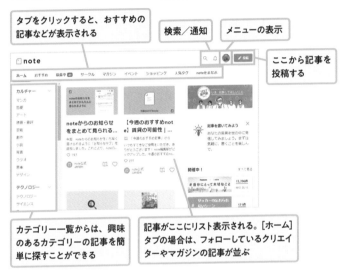

タブをクリックすると、おすすめの
記事などが表示される

検索／通知

メニューの表示

ここから記事を
投稿する

カテゴリー一覧からは、興味
のあるカテゴリーの記事を簡
単に探すことができる

記事がここにリスト表示される。[ホーム]
タブの場合は、フォローしているクリエイ
ターやマガジンの記事が並ぶ

記事を閲覧する

閲覧したい記事をクリック
すると、記事ページが表
示される

画面左上の note のロゴを
クリックすると、トップペー
ジに戻ることができる。他
の画面でも同様

次のページに続く

スキをつける

①記事ページを下にスクロール

②ハートアイコンをクリック

ハートアイコンが赤色に変わり、スキがついた	もう一度クリックすると、スキを取り消せる

コメントをする

①記事ページを下にスクロールして［コメントは作者の励みになります。］をクリック

ほかの文言が表示される場合もある

②コメントを入力

③［送信］をクリック

記事にコメントできた

紙面ではパソコン版の画面で解説していますが、基本的にはスマートフォン版のWebブラウザでも見え方はほぼ同じになります。

Q note はアカウント登録しなくても使えるの？

A note はアカウントを登録しなくても、閲覧、スキを行うことができます

　note のユニークな点として、閲覧とスキはログインしていない状態ですることができます（フォローは会員登録しないとできません）。ログインしていない状態でスキができるというのは、書き手にとっても読み手にとってもメリットがあります。ログインなしで手軽にスキがつけられると読み手は感動を伝えやすくなります。そうなれば書き手もスキを多く受け取れることで、より書くモチベーションにもつながっていきます。

　なお、note に新規登録する際には、Twitter または Facebook のアカウントを利用して登録することもできます。通常のアカウント登録と同様に、メールアドレスとパスワードの登録も必要ですが、ログイン時に Twitter ／ Facebook アカウントが利用できるので簡単です。すでに Twitter または Facebook のアカウントをもっている人には手軽な方法です。

　すでに note ID を取得している人が、アカウント設定から Twitter 連携をすると、メールアドレスとパスワードではなく、Twitter のアカウントでログインできるようになります。

第 2 章

テーマとルールを決める

note を書きはじめる前に
必要なことを学ぶ

　「自分のつくったものを誰かに見てほしい」。現代は note に限らず、ブログ、SNS、動画配信とさまざまな方法を使ってアウトプットできる時代です。しかし、無作為に外に向けて発信しただけで、たくさんの人が見てくれるというわけではありません。また、たくさんの人に見てもらえたとしても届けたい人に届いていなければ意味がないと思います。

　たとえば、新聞、雑誌、テレビ番組などのメディアは、届けたい読者や視聴者層をきちんと明確にし、週1なのか毎日なのか日程や時間を決め、企画会議をして制作し、スケジュールどおりアウトプットしていますよね。

　もちろん、個人と大きなメディアを一緒にする

のは違うと思いますが、自分が発信していくうえでもそういうことをきちんと整理して決めていくことで大幅にアウトプットの仕方が変わってくると思うのです。

　自分は何をアウトプットしたいのか？
　どんな人に届けていきたいのか？
　どれくらいの頻度で発信していくのか？
　文量はどれくらいがいいのか？

　これらをきちんと考えてマイルールづくりをしていくと、いままでやみくもに「なんだかわからないけど書いていた」から、「これが発信したかったんだ」に変わるかもしれません。（まつゆう*）

05 書くこと・書きたいことを決める

何をアウトプットする？

　自分の心に問いかけてみましょう。「自分は、何をアウトプットしたかったんだっけ？」。これから発信していく際にテーマをもっているか？　もっていないか？　で、だいぶアウトプットの仕方が変わってくると思います。

　「なんとなくはじめてみる」というのも、アウトプットし慣れている人にとっては問題ない話だと思いますが、「いつも途中で、なんとなくやめてしまうんだよなあ」なんて人は、性格にもよりますが「書きたいこと」と向き合っていない可能性が高い気がします。「なんとなくはじめた」場合、書くことは日々の出来事などが多くなってくると思います。そうすると、更新したいことがなくなってしまったとき、そこで筆が止まってしまいがち。

　「書くこと」「書きたいこと」を走り書きでもいいので書き出してみて、自分は何を発信していきたいのか考えてみましょう。たとえば、映画や音楽が好きな人は、それについてのレビューや考察を書いてみるのもいいかもしれません。小説が好きだから、小説を書いてみよう。それもすごく素敵だと思います。もちろん、アウトプットの仕方は文章を書くことだけではありません。イラストとともに日々のエッセイを書いてみる。マンガもいま人気ですし、写真も大変人気があります。手作りの音楽や動画をアップすることもすべて素敵なアウトプットだと思います。

最初に所信表明をする

これは私の例になりますが、note をはじめるときに note 内で「m's mag.（ミズマグ）」という Web マガジンをつくりました。その際、最初にきちんと「書くこと」「書きたいこと」を決め、それを記事として公開しました。こんな感じです。

> 「m's mag.」は、「大好きは、ボーダーレス！」をスローガンに、年齢・性別・国境を越えて、まつゆう＊が"大好き！"と思った視点のモノ・コトを発信。皆さまが自分の"大好き"を追求できるよう提案する"セレクトウェブマガジン"です。
>
> イメージでいうと"ブログとウェブマガジン"の間みたいな少しゆるい感じを目指していて、コンテンツは私が好きで、みなさんにもおすすめしたい"可愛いもの、トラベル、ビューティ、ファッション、シネマ、ガジェット、ゆるいつぶやき"などを予定しています。取材とかもしたりしたいなぁ。

はじめる前に一度整理して、所信表明してしまうのも手ですよ。この記事を読んだ人は、「あ〜、こういうことがやりたいのね」とわかってくれますし、自分でも記事を書く迷いが軽減されます。

noteは書きたいけれど何を書いたらいいか思いつかなかったら、まずは日記から。日記も書いていくと楽しいものですよ！

06 読者像を決める

どんな人に見てもらいたい?

　2章の最初にこのたとえ話を書きましたが、「もしあなたが、新聞、雑誌、テレビなどのメディアだった場合、あなたのメディアはどんな人に見てほしいですか?」。ここでは、読者像について考えていきたいと思います。

　わかりやすくたとえると、あなたのメディアが「20代のファッションが好きな女性」を読者像としていたとします。なのにアウトプットすることは、社会問題、経済ニュース、スポーツについてなど。中には興味がある人もいるかもしれませんが、ちょっと的外れになっていると思いませんか?

　さすがにここまでズレてしまうことはないと思いますが、どんな人に届けたいか、どんな人に読んでほしいか、読者像を決めておくことは大切なキーポイントになります。

　「年齢層」「性別」「何を好む人か」など、細かく読者像を想像しながら読んでくれる人の気持ちに寄り添いながら書いていくと、読者によりリアルな気持ちを届けられます。

読者像が決まらない場合は

　もし「読者像がうまくまとまらない」なんてときは、それ自体を記事として書き出してみるのもいいでしょう。私自身も「こういう人に読んでほしい」という読者像を自分の中で整理する際に、実際noteの記事としてアウトプットしました。少し長いので抜粋して掲載します。参考にしてみてください。

女性は国や地域で色々な呼ばれ方をしていると思います。

フランスでは、"マドモアゼル"と"マダム"。「歳を重ねることが素敵なことである」という考えの方が多いそうです。

そして、アメリカ。"ミス"と"ミセス"。イメージから一言でいうと結婚しているかしていないかです。2000年代初頭から、どちらでも使えるMs.（ミズ）という呼び方が使われるようになってきたそうです。これも「結婚していようがしていまいが、私は私。」強い女性のパワーを感じます。

「m's mag.」は、そんなボーダーレスで強い女性像を持った呼称「Ms.（ミズ）」から名付けました。もちろん、「m's mag.」は、性別だってボーダーレス。自分の好きを追求したい、自分らしくありたい方なら年齢、性別、国籍問わずウェルカムです。

　これが、「m's mag.」のm'sの意味でもあり、私の読んでほしい読者像になっています。困ったら書いてみる。そして、それもアウトプットしてみてはいかがでしょうか？

読んでもらいたい、伝えたい読者像を思い描きながらnoteを書くだけで、書きたいことが出てきやすくなります。

07 書かないことを決める

アウトプットはハッピーになるために

　誰かがインターネット上にアウトプットしたものを見たとき、「いいなあ」「素敵だなあ」「面白いなあ」と思うこともあれば、「嫌な気持ちになった」「見なきゃよかった」なんて気分の悪いものに出合うこともありますよね。何を発信するかは極論をいってしまえば本人の自由です。

　ただ、それによって嫌な気持ちになったり、誰かが悲しんだりするのは、よいアウトプットとはいえないと思います。もし、それが大きなバズを生んだとしても、私はよいクリエイティブだとは思えません。そうならないためにも、アウトプットする際に「書かないこと」と「しないこと」を決めましょう。考えれば誰にでもわかるようなことなのですが、例として私が文章を書く際に「書かない」と決めていることをご紹介します。

大テーマ「人が嫌な気持ちになることは書かない」
ネガティブな内容／悪口／うわさ話／自慢

　皆さんのアウトプットが悲しみではなく、たくさんのハッピーを生み出すことを願っています。

アウトプットで人を不幸にしてはいけません。読者がハッピーになれるものを発信していきましょう！そのほうが自分もハッピーになるはずです。

08 書いてはいけないことを知る

あおらない、誇大表現をしない、炎上させない

インターネットを使ってアウトプットしている方であれば、知らない人はいないであろう言葉、それは「炎上」です。

自分が発信したもので誰かを怒らせてしまったり、誤情報を発信してしまったり、または常識的にやってはいけないことを発信してしまった際に炎上は起こりうると思います。ただこれって社会人としてのマナーを守ってアウトプットしていれば、起きにくいことだと思うのです。

ただ、インターネットでアウトプットしている人の中には、ページビュー数がほしいから、フォロワーを増やしたいから、注目されたいからなどの自分本位な理由で、やってはいけないことをする人がいるのは確かです。炎上マーケティングといって、意図的に自分で炎上を起こすという手法も残念ながら存在しています。

たとえページビュー数が何億とあっても、名前が有名になったとしても、作品が売れたとしても、一度「炎上」という手法を使ってしまった人は、やはりずっとそのイメージから逃れられないんじゃないかな？　と思います。

フォロワーや「いいね！」の数を気にするよりも、質が高くて読む人が気分よく読める表現方法で発信していきましょう。

大きなバズがなくとも素敵な記事を書き続けている人もいます。そういう人たちにスポットが当たる時代がくるといいですね。

09 どのくらいの頻度で 書くのがいいのか

アウトプットを習慣にする

情報発信って、どのくらいの頻度ですればいいんでしょう?

毎日1つ発信すると決めている人、週1回は発信したいと思っている人、思いついたら!　という人、その人によっていろいろな考え方があると思います。何かルールを決めておくと発信しやすかったりしますが、ルールで自分自身を縛ってしまって発信することが楽しくなくなってしまってはよくないですよね。

「更新頻度＝数」という概念よりも、「アウトプットすることを自分の習慣にする」というのが大事なことではないかなと思っています。たとえば、noteを毎日更新しなかったとしても、書くこと、アウトプットすることを習慣づけていく。それは、メモ帳に書いておいてのちのちのネタにしてもいいですし、TwitterなどのSNSにツイートするのでもいいと思います。アウトプットすることが日々の習慣になっていくことが重要なのではないでしょうか。

Twitterのツイートや Instagram の投稿、YouTube などにアップした動画は、note に見やすく貼り付けることができます。毎日自分のやりやすい方法で発信を続け、note を自分のプラットフォームとして使い、作品をまとめるのも、読み手にとって読みやすいものとして仕上がります。

Twitter と組み合わせる

私のアウトプット方法の1つをご紹介します。特に旅に出たときに使うやり方なのですが、旅行先からは Twitter でリアルタイ

ムに写真と位置情報をつけてツイートします。フォロワーの方は、リアルタイムの情報を見て一緒に旅をしている気分になってくださっていました。たまに現地の情報をくれる方も！　そして、帰ってきてから note に旅のツイート、そのときの感想や補足の文章、行った場所の情報やリンクなどを貼り付け、同じ場所へ旅するときに役立てばいいなあと思って発信しています。

リアルタイムツイートを埋め込んだ旅のまとめ

　日々の小さな発信も、まとめると大きなコンテンツとなります。まずは発信することを自分の習慣にしてみてください。

私は毎日更新を目指していましたが、いまは書きたいときに書いています。更新頻度も状況に合わせて。アウトプットし続けるのが重要です。

10 文字数を意識しながら書く

文量が空気感やリズムをつくる

　人気の note を読んでいると、ある一定のリズムを感じることがあります。なんだか心地よいというか、その人の空気感やリズムが伝わってくるというか、これって何なのでしょう？

　文章の書き方や言葉の選び方、イラストの画風に加え、「文字数」もあるのではないかな？　と思います。起承転結までの文量や、マンガであってもその枚数や長さなど、人によって一定の法則があるように感じました。それこそが、その人のもち味であり、心地よさや空気感を生み出しているのだと思います。

　共著者のコグレさんのブログ『ネタフル』も毎日たくさんの情報がアウトプットされていますが、「簡潔に内容がわかりやすく読みやすい長さ」で書かれているので内容が頭に入ってきやすいです。吉本ユータヌキさんがお子さんのことを描かれた『おもち日和』もマンガの画像2枚で完結させるというものが多く、それがほっこり楽しく読めるというもち味になっています。

文字数はもち味になる

　note のエディター画面の右上、［公開設定］ボタンの下に注目してください。実は、ここに自分の書いた記事の文字数がわかる「文字数カウンター」が実装されています。

　私はというと、日記は400文字程度。少しボリュームのある記事、1,000文字から1,600文字くらいでした。「文字数は絶対にこれくらい」と決めてしまうと、「書きたいことが書けない」な

84 文字

エディター画面の右上に文字数カウンターが表示されている

んてこともあると思います。［ダッシュボード］を見て、よく見られている記事をチェックしたり、［スキ］が多かった記事などの文字数を参考にしたりしつつ、文字数を意識しながら書いていくと、あなたのもち味がもっと出てくるはずです。

 ［ダッシュボード］は閲覧数や売り上げ、［スキ］の数を確認できるページです。プロフィールアイコン→［ダッシュボード］で表示できます。

11 1つの記事に
かける時間を決める

時間を有効に使うために

noteを書いているとき、1つの記事に大体どれくらいの時間を
かけていますか？

アウトプットしたい人は、自分の作品をつくって発信したい人
が多いと思うのです。文章を書いているとき、作品をつくってい
るとき、ものすごく集中してしまうと、気づいたら日が暮れてた
なんてこともあったりしませんか？

もちろん、作品をつくるにあたって時間をしっかりかけるとい
うのは、クリエイターにとってとても重要なことだと思います。
しかし、小説を書く、エッセイを書く、マンガを描くという作品
づくりは別として、ちょっとした日記やお知らせをアウトプット
する際は、たくさん時間をかけていてはもったいない気もします。
ミニマム化できるところはしていきたいですよね。

たとえばですが、記事を書いているときに、気づいたらあちら
こちらに脱線していたとか結構ある話じゃないかな？　と思うの
です。

私も映画についてのコラムを書いていたのに、YouTubeで予告
編を探していたら新作の予告編を見続けていたことが……。そこ
から情報を得るということも大いにあるとは思うのですが、時間
は有限です。時間を有効に使うためにも、日々発信していくよう
な記事を書く際は、意識的に時間を決めて書くことをおすすめし
ます。

私がnoteを書く際に使う時間は30分弱くらいが多いです。も

ちろん、もっと時間をかけて何日も熟考して発信するものもありますが、日記やお知らせなどの 1,000 ～ 1,600 字くらいの量だと 30 分前後で書き終えることが多いです。

スマートスピーカーを活用する

その際に便利なのが、スマートスピーカー。「アレクサ、タイマーを 30 分」と指示するだけ。集中しすぎると時計も見ませんし、目安がわからなくなりますが、タイマーが鳴ったら 30 分と気づくので便利です。スマートスピーカーをお持ちでない方は、スマートフォンのタイマーで。

時間を意識して書くことで、時間を有効に使ってアウトプットしていきましょう！

あ、偶然なんですがたったいま、Alexa のタイマーが知らせてくれました。実はこの節はちょうど 30 分で書いたんですよ。

スマートスピーカーを持て余している方はぜひ使ってみてください。Alexaが編集者のようにスケジュールを管理してくれますよ。

12　マイルールを　つくり、従う

　それでは皆さん「note を使ってアウトプットしていきましょう！」と、その前にもう1つ。2章では、書く前の下準備や目標について書いてきました。最後にここで「note を書く際のマイルール」をつくってみましょう。例やエピソードをいくつかご紹介しますので、マイルールづくりの参考にしてください。

書くときのマイルール
- **● 毎日、何か投稿する**
- **● 毎週月曜に投稿する**
- **● 投稿時間を決める**

　マイルールは、本当に人それぞれです。毎日書くという人もいれば、気が向いたときという人もいますし、曜日を決めて長編を書かれる人もいらっしゃいます。毎日何かしら日記やエッセイなどのライトなものを更新するけれど、この曜日だけは必ず小説を書く、マンガを描く、というルールの人も。また、必ずお昼の12時頃に投稿するよう心がけていてランチタイムのお供になったらいいな、という人もいらっしゃいました。

無料・有料記事を書くときのマイルール
　note では記事を有料化できます（4章）。その際のマイルールとして何人かの note クリエイターから耳にしたのは、お金を払って読んでくれている大切な読者なのだから普段ブログや SNS な

どでは絶対に書かないことや裏話、気軽に読んでもらえるファンの人に向けたものを発信しているというお話でした。

「有料なんだから無料の記事よりもクオリティーの高いものを」なのかな？　と思いがちですが、記事のクオリティーは当たり前のこと。そうではなくて「使い方」というマイルールをおもちの方が多いように感じました。

note についてのルール

● 記事を書いたら必ず自分の SNS でシェアする
● コメントには必ず返事をする
● 見出し画像は必ずオリジナルの画像を使う

投稿したら必ず SNS でシェアする。Twitter や Facebook でのシェアは、その記事に対する大きな流入元になります。リツイートやシェア機能がある SNS を使うことで、「いいな」と思ってもらえた際に読者が気軽にシェアできるという点でも、自ら更新したことを SNS でシェアしてお知らせするのはおすすめです。

見出し画像にもルールを設けている人が実は多いです。その投稿の内容や世界観を伝えるために自分で撮ったり描いたりした見出し画像しか使わないという人もいれば、内容のネタバレになるからあえて見出し画像機能自体を使わないという人もいます。見出しは重要だと思っていたのですが、こういう考えもあるのか！

と気づかされて、マイルールの世界は奥が深いと思いました。

フォロワー数、ページビュー数は気にしない

各種ブログサービスや SNS などは、その人の考え方にもよりますが、いまだに数値至上主義なところがあったりするのも事実

次のページに続く

です。しかし、私がお会いしたことのある note クリエイターや、note の中の人は、そうじゃない人が多いです。

　まず、フォロワー数というものが設けられてはいますが、基本的にその数に踊らされていません。いわれてみれば note の中でのフォロワー数はそこまで重要視されていない気がします。［スキ］については、書いた投稿にたくさんつくとうれしい！　と思っている人が多いですが、それが絶対でもない。フォロワー数が多い＝［スキ］が多いというわけでもない。

　ここが note のいいところでもあり、note クリエイターたちが言っている note っぽさ、居心地のよさに通じるのではないか？と思っています。

note で書くことが思いつかない日はツイートする

　これは何人かから聞いたお話ですが、発信することが思いつかないときや、忙しいときでもアウトプットする習慣を続けるために、Twitter で何か少し思ったことなどを、メモ代わりに発信し続けているそうです。のちのち、そのときに思いついたネタや考えなどをまとめたり、それについて深掘りしたりと、note のネタとして深く追究して書いていくこともできます。実は、私も忙しいときはこれをやっています！

忙しいときは無理をしない

　これは私のマイルールです。2019 年 1 月から活動の主軸を note に移しました。「毎日何か発信していく」というマイルールを、まずはつくりました。そして、note を書くこと自体が楽しくなってきて、毎日更新することもポップアップ（6 章 63 節参照）のおかげで楽しくなっていました。「よ〜し！　連続記録更新して

やるぞ！」と息巻いていました。

　しかし忙しいときというのは重なるもので、気づいたら高熱を出して倒れてしまいました。人に迷惑をかけてまで無理やり守るマイルールはよくない、と気づきました。自分の note に「【note】自分のペースを見直す。」という記事を書き、マイルールを見直すことを思いの丈とともに読者に伝えてみました。この記事を書いたとき、皆さんがどう思うんだろう……と内心ドキドキだったのですが、励ましの気持ちを込めてかたくさんの［スキ］を贈っていただきました。

「【note】自分のペースを見直す。」の記事

　ご紹介したマイルールの例は、氷山の一角にすぎません。クリエイターの数だけマイルールがある。きっと、まねしたくなるようなマイルールをもち、日々 note を更新されている人もいらっしゃると思います。皆さんも、自分が心地よく、読み手に届きやすいマイルールを設定してみてくださいね。

実は私、インターネットでの情報発信歴が今年で23年目なのです。マイルールをもち、皆さんも楽しく書き続けてください！

Q Twitterとの連携は するべき？

A 多くの人に読んでもらえる可能性を 広げるためオンがおすすめ

noteは、Twitterと連携することが可能です。画面右上のプロフィールアイコン→［アカウント設定］→［ソーシャル連携］→［Twitter］のボタンをオンにし、Twitter側で認証すれば連携完了です。連携すると、自分のnoteのクリエイターページにTwitterアイコンが表示されます。もちろん、同じページでオフを選ぶこともできます。

連携しておくことでTwitterで記事がシェアされた際、URL以外にその記事を書いた人のTwitterユーザー名（@アカウント名）が表示されるようになっているので、感想や返信に気づきやすくなります。noteはTwitterとの相性がよいので、たくさんの人に記事を読んでもらえる可能性を広げるためにもオンにすることをおすすめします。

また、Twitterアカウントでもログインできるようになるので便利です。

第 3 章

noteを書く

愛される記事を目指そう

　あなたが読んでいて「いいなあ」「素敵だなあ」と思う note クリエイターの記事はどんなものですか？　読む人すべてを感動させてしまう生まれもっての天才クリエイターも世の中には存在すると思います。でもきっとどんな人も、読んでくれる皆さんが読みやすいように、こうやったら楽しんでもらえるんじゃないか？　こうやったら読みやすいんじゃないかな？　と日々研究しながら、読者のことを考えて書いていると思います。そしてそれには、ある程度決まったアウトプットの法則があるのではないかと感じています。

　どうやったら、そういう記事が書けるの？

　これってすごく難しそうで、実はコツさえつかんでしまえば実践できることだったりします。タイトルのつけ方や書くための工夫、note の機能をうまく使う、読みやすい記事を書く……。

　いろいろなことを試していくうちに、きっとあなた流の愛される記事の書き方に巡り合えるはずです。

　この章では、読者が読みやすく、また読みたくなるような記事のコツなどをまとめてみました。「こんな機能もあるんだ」なんて新しい発見もあるかもしれません。

　ここからはもう少し踏み込み、読者をハッピーにして愛される記事を目指して書いてみましょう。（まつゆう*）

13 エディター画面の見方

投稿できるものの種類

　テキストのエディター画面は、「見出し画像、タイトル、本文」が表示された至極シンプルなデザインです。ただシンプルなだけではなく、機能も充実しています。そして安心できる点は、文字の入力をはじめると自動保存されるので、下書き保存ボタンを何度も押す必要がないことです。

　トップページ右上の［投稿］ボタンをクリックすると5つのアイコンが表示され、次のコンテンツを簡単にアップできます。

● **テキスト**
→日記、コラム、小説など

● **画像**
→マンガ、イラスト、写真のギャラリーとして（1ファイル 10MB以内、最大30枚）

● **つぶやき**
→Twitterのように手軽に一言投稿したいとき（140文字以内＋ 10MB以内の画像）

● **音声**
→オリジナル楽曲の配信、ボイス日記、ポッドキャストなど（最大50MB、形式：MP3、AAC）

● **動画**
→すでに自分でアップロードした動画を貼り付けたり、好きな動画を貼り付けたいとき（YouTubeまたはVimeoのURLを貼り付け）

エディター画面でできること

エディター画面

　本文の入力欄をクリックすると左に現れる［+］アイコンをクリックすることで、画像の挿入、ファイルのアップロード、リンク先のプレビュー表示、ソースコードの埋め込みを行うこともできます。画像は、ドラッグ＆ドロップするだけでもアップロードが可能です。この機能はかなり便利で、あとからサイズを少し小さくすることも、画像にリンクを張ることもできます。

　ファイルのアップロードに関しては、1日に10ファイルまで、1ファイルにつき50MBまでという制限がありますが、PDF、テンプレートファイル、高画質な写真、ExcelやWordなどのドキュメントファイル、SketchやPhotoshopなどのデータをアップロードできます。

　［アカウント設定］→［ユーザー設定］で、文字を明朝体に変更できます。フォントを変えるだけで、イメージも変わります。お試しあれ。

14 書き出しは
つかみが肝心

　文章を書きはじめるときには、どんなことを意識したらいいのでしょうか。ここ10年くらいブログでよく見られるのは、最初に名乗るという風習です。最初に名乗る？　どんなものか想像がつきますか？

　たとえば「皆さん、こんにちは！　コグレ@ネタフルです」というような書き出しを見たことがあるという人も少なくないのではないでしょうか。これが「名乗り書き出し」です。

　なぜこういう風習が広まったかというと、ブログがSEOに強かったからです。SEOに強いと、トップページではなく、それぞれの記事に直接アクセスする人が多くなります。検索エンジンからの訪問者はどのページから読みはじめるかわかりませんし、必ずしもそのブログのことを知っているとは限りません。だからすべてのページに自己紹介を入れておく。そんな発想からはじまったのがこの風習です。

　しかし、昨今では個々の記事ページに執筆者のプロフィールを入れることも普通になってきましたし、よく読んでくれる人は毎回自己紹介を読まされると食傷気味になります。特に「note」というフォーマットで考えた場合には、冒頭に執筆者の名前が表示されますので「誰が書いているか？」を心配する必要はなくなったといえるでしょう。

おすすめの書き出し

　では、どういう書き出しがおすすめかというと、結論を冒頭に

もってくるというものです。非常にシンプルな方法ですが、これなら誰でもまねしやすく、効果も得やすいです。

なぜ冒頭に結論をもってくるのでしょうか。それは、インターネットには読むべきものがあふれていて、少し読みはじめて興味がなければ読者がすぐに立ち去ってしまう恐れがあるからです。

自分が読者の立場になったときを考えてみるとわかりやすいと思います。まずタイトルにひかれてクリックしてみる、続いて本文を読みはじめる、しかし興味をひかれたタイトルとは関係のない内容が続いていく……となったら、そこでページを閉じてしまう人は少なくないのではないでしょうか。

先にネタバレしてしまうのを嫌う人もいるかもしれません。しかし、どう書き出すか迷っている場合には、最初の1段落、2段落目くらいまでに書きたいことの結論を書いてしまい、「そのことについて説明します」と文章を進めていくと、いわゆる話のつかみができるようになります。

読者は読み急いでいる

ただし、必ずしも冒頭で結論から書き出すのがすべての正解とは限りません。あくまでもインターネット的な文章術の1つとしてとらえてください。

「読者は読み急いでいる」ということを頭の片隅においておくと、どうやって文章をつづっていけばいいかというヒントを得やすくなるはずです。

文章の組み立て方は得手不得手があると思います。書いてから天地をひっくり返して結論を先頭にもってくる、というのも1つの方法です。

15

見出しや写真を入れて
中だるみを防ぐ

なぜ見出しや写真が必要なのか？

　あくまでもプライベートなことを書く日記のようなブログとして考えるならば、見出しも写真も必要はないと思います。というのも、見出しを入れたり写真を入れたりするのは、おっくうだからです。「さあ、これから note を書こう！」というときに、段落ごとに見出しを入れることや、内容に合わせた写真を準備することを考えると面倒に感じませんか？　もしかすると、見出しを入れるのが好きでたまらないとか、写真を準備しているのが至福のときで……という人も中にはいるかもしれませんが、基本的には多くの人にとってそれらは面倒なことだと思うのです。

　正直なところを書くと、私自身もあまり得意ではありません。客観的な立場で他の人の note やブログを読んでいるときには、「ここの見出しはこういうほうがいいのに」とか、「ここにこんな写真が入っていれば読みやすくなるのに」と思うことはあります。そういう編集者的な視点というのは、なぜか自分に向けては発揮されないのですね。難しいものです。

　しかし、見出しや写真はないよりもあったほうがいいものです。タイトルは「見出しや写真を入れて中だるみを防ぐ」と、ややネガティブな感じにはなっていますが、それらがあることで読みやすさが格段に向上します。

読みやすさやイメージを補完する

　見出しがあることで、次の段落にどんなことが書かれているか

を把握しやすいのは説明するまでもないでしょう。中には見出しだけを読んでいき、興味のある部分をじっくりと読むというスタイルの人もいます。SNS も含め、これだけ読むものがたくさんある時代ですから、読み飛ばし前提で文章を書く技術というのも求められているかもしれません。

　写真があることで、文章の中身を的確に伝えるサポートにもなりますし、文章を的確に伝えるイメージの補助にもなります。的外れなイメージ画像はないほうがいいですが、ポジティブなイメージ、ネガティブなイメージなど、文字とは違う視覚的なイメージを伝えやすくなります。また、適切な間隔で写真が入っていることで、文章を読むリズムもよくなります。

原稿を１日寝かせてから判断する

　見出しも写真も、それを入れることがハードルになってそもそも note を書けなくなってしまうのは本末転倒ですが、読者のことを考えるならば、入れたほうがベターです。文章を書いて１日くらい寝かせ、筆者から読者の感覚に近づけてできるだけ客観的に読むようにすると、見出しを思いつくことがありますし、ここに写真を入れたほうがいいといった判断もしやすくなるのではないでしょうか。

無料で使える写真素材サイトもありますが、普段からスマホでイメージ画像を撮影しておくよう心がけておいてもよいと思います。

16 締めの一言を入れる

文章術に「絶対」はない

　書き出しのつかみが肝心だ、という話を書きました。その次には中だるみをしないように見出しや写真を入れるということも書きました。そして、今度は締めの一言です。はじまり、途中、おわりに……文章を書くというのは、なんて大変なのでしょうか！

　と思いますよね。私もいろいろと気をつけることがあるな、とあらためて感じています。

　気をつけてほしいのは、ここで解説していることは「絶対」ではないということです。こうしたほうがよりよくなりますよ、という提案です。ですので「こんなにいろいろなことを配慮しないといけないなんて面倒。note を書きたくなくなる」ということにはならないようにしてください。それでは本末転倒なのです。

　より読まれるようになるためにはこんなふうに気をつけたらいいよ、という文章術ですから、それ以前に文章を書く習慣づけをしてください。そのためには、まずは文章術のことは頭からよけておいて、思いのままをつづるのでもいいかもしれません。もしかすると、それがウケるかも !?

締めだけ見ても結論がわかる内容に

　さて、締めの一言です。どういうことを書いたらいいでしょうか。普通に note を書いていたら結論になるでしょう。たとえばタイトルが疑問系であるなら、それに対する回答が締めの一言と考えるとわかりやすいかもしれません。

- **タイトル「どうしてブログは書き続けるのがいいのか？」**
- **締めの一言「習慣づけるのが大事なのと、書き続けるのはま
  ねしにくくオンリーワンへの近道です」**

いかがでしょうか。一言というだけあって、シンプルに言い切るのがいいでしょう。さらにいえば、ここだけを切り取ったとしても、全体で言いたかったことを言い表せる一文……ということになると思います。それまでの文章は何だったのだ、という話にもなりかねませんが、結論というのはそういうものです。

もっといえば、ここだけを切り取ってTwitterに載せたとしても、［いいね］がついたり、リツイートされたりしやすいものがいい締めの一形態ともいえるかもしれません。ここだけが独り歩きしたとして「元の文章はどういうものだったのだろう？」と読んだ人に思ってもらえたら、それはもう大正解といっていいかと思います。

つまり、140文字くらいが締めの一言の目安と考えてもいいでしょう。

起承転結があるのが理想的ですが、結論を書かずに終わる投げっぱなしジャーマンスープレックスのような手法もあります。

17　クリックしたくなるタイトルをつける

よいタイトルを追求する

　Twitter をはじめとした SNS 全盛のいまとなっては、文章の内容が大事なだけでなく、どんなふうにタイトルをつけるかというのも非常に重要になっています。むしろ、「タイトルが命」という人もいるくらいです。それではここで、インターネットでクリックされやすいタイトルをおさらいしておきます。ただし、似たようなタイトルばかりでへきえきしている人が多いのも事実ですので、使いすぎに注意してください。

クリックされやすいタイトル例

● 数字を入れる

（例）実践編！　実際にクリックされた 7 種類のタイトル

● 疑問形にする

（例）実際にクリックされた 7 種類のタイトルはどういうものだったか？

● 言い切る

（例）タイトルばかりにこだわっていてはダメ！　本当に大事なのは本文だ

● 方法や説明など役立つことを伝える

（例）クリックされるタイトルのつけ方を解説します

　note でのおすすめは「結論まで含める」というものです。SNS全盛の時代なので、タイトルで結論まで言い切り、さらに詳しく

読んでみたいと思われることが大事なのだといえます。

　そして特に note の傾向として顕著かもしれませんが、誠実であること、そしてよりエモーショナルであることも最近重視されているポイントのように見受けられます。いわゆる「エモい」というやつで、真っすぐに感情をぶつけるような正統派のタイトルがやはりクリックされることが多いようです。

実際の note の記事タイトル

● 東京から1240km離れた五島列島でもリモートワークできるが、やらない方がいい。－子連れワーケーションの理想と現実－

　　　　　　　　　　　　　　Backcasting Lab 編集長：尾崎えり子

● 近所の寿司屋のクーポンを記録し続けて 3 年が経った

　　　　　　　　　　　　　　　　　　　　　　　　　岡田 悠

● 英語が本気で出来ない人がアメリカで過ごした 2 年間の記録

　　　　　　　　　　　　　　　　　　　　　　　灰色ハイジ

狙ってつけたタイトルよりも、何気なくつけたタイトルのほうが読まれる……ということがあるのが、また難しいところでもあるのですが。

18 内容に合う見出し画像をつける

見出し画像はページの「顔」

　SNS やニュースサイトなど、いろいろな場所から日々情報が発信されているこの時代、あなたはどんなときにその記事を読もうと思いますか？　1つ前の節にもありましたが「エモい」タイトル、読んでみたいと興味をひかれる内容などが、その要素としてあると思います。そしてもう1つ要素を挙げるとしたら、それは「画像」ではないでしょうか。

　note は、内容に合わせて好きな「見出し画像」を設定できます。見出し画像を設定しないで note をアップすることもできますが、SNS 上では、画像がついているほうがクリックされやすくなるので、ぜひ見出し画像を入れることをおすすめします。

　見出し画像のつけ方は、2通り考えられます。

1　文章を書き終えてから見出し画像を決める

　この場合のいい点は、しっかりと内容が出来上がってから見出し画像を選ぶので、中身を想起させ、読みたくなるような画像を選べることです。本文で使った写真やイラストの他のカットなどでもいいですし、見出し画像専用のものを用意するとさらに効果的です。

2　文章を書く前に見出し画像を決めてしまう

　タイトルや書きたいことは決まっているけれど、内容がまだしっくりいっていない、これから膨らませていきたいというときに、イメージとなる見出し画像を先に決め、それを見ながら書く

という方法もあります。見出し画像を見ながら書くことで内容が膨らみやすい状態になります。

見出し画像があると内容がイメージしやすい

シェアしたときにきれいに表示される

　Twitter や Facebook で、URL をシェアした際に画像が表示されますよね。あの画像を、OGP 画像（オージーピー）といいます。でも、きちんときれいに表示されているものもあれば、変なところで切れていたりするものも。

　note の画像サイズは、OGP 画像のサイズ（1,280px × 670px）に沿ってつくることでぴったりサイズで SNS 上に表示されます。7,500 万点以上の写真素材、イラスト、アイコンが使えるグラフィックデザインプラットフォーム「Canva」（キャンバ）と連携しているので簡単におしゃれな見出し画像をつくることもできます。

［みんなのフォトギャラリー］というユーザーが無料提供してくれている画像を使うこともできます。活用してみてはいかがでしょうか？

19 読みやすさは 「改行」でつくる

改行で読みやすさをコントロールする

「改行」でつくられる読みやすさとは、どういうことでしょうか？

　普段、あなたが読んでいる note の記事を思い返してみてください。もしもこれから note をはじめたいんだという人は、普段から読んでいる Web のニュースやコラムを思い出してみてください。もし手元にスマートフォンがあれば、実際に note やニュースサイトの記事を開いて、「改行」がどうなっているか確認してみてください。

　いかがでしょうか？　適度に改行が入っていないでしょうか。ニュースサイトの場合はもともとが新聞向け、つまり紙媒体向けの記事ですので、note とはちょっと違う改行になっているかもしれませんが、改行によって段落が分かれていることと思います。

　どのくらいの改行が入っているものが読みやすいと感じるでしょうか。

　そうなんです。インターネットで公開される記事は、読みやすさを意識して「改行」が入れられているものが多くあります。実は、この記事もインターネットのコラム風に、あえて「改行」を多めにして書いています。特に、空の行も入れています。

数行の文章の塊と空行で構成する

　たとえばnote公式アカウントが公開している記事をスマートフォンで見ると、大体2〜3行が1つの文章の塊つまり段落となっており、段落と段落の間には空行があります。

　パソコンもそうなのですが、特にスマートフォンは長文を読むのに適していません。そのため、あえて空行を入れることで文章を読む際のリズムをつくっています。視線移動も空行があったほうが疲れないでしょう。

　パソコンとスマートフォンで画面サイズも違いますし、スマートフォンの中にも画面サイズの違いがあります。だから厳密に何文字を書いたら改行しよう、というルールがあるわけではありませんが、だらだらと段落を長くするのは気をつけたほうがいいでしょう。

　もしかすると、小学校で習ってずっと続けてきた作文のルールとは違うかもしれませんが、インターネットのテキストは数行の文章の塊と空行によって構成されると読みやすくなる、と覚えてください。

とはいえ、あまりにも短文と改行の繰り返しだと、中身がなく見えてしまうので、改行の使いすぎにも注意が必要です。

20 文頭に目次を入れて 記事の概観を伝える

見出しを使って目次をつくる

note では、時には、出版物を全文公開している人もいたり、超大作をつくり上げている人もいたりと、アウトプットしたい人たちが集まった場所だからこそ、必然的に文章量が多い人がたくさんいらっしゃいます。

文章が長くなった場合のマイナスポイントとしては、読み手が途中で離脱してしまう可能性や、「あれ、どこまで読んだっけ？」など記事内で読み手を迷子にしてしまう可能性があります。せっかく自分の記事にたどり着いて読もうと思ってくれた人に、最後まで読みやすく、ユーザーフレンドリーな形で読んでほしいのが書き手の気持ちですよね。そんなときにぜひ使ってほしいのが「目次」機能です。

note には、文章を引き立たせ、読みやすくするために「見出し」機能がついていますが、この「見出し」を使って目次をつくることができます。

目次の設定方法

目次の表示位置は、本文内で「1番目の見出しのすぐ上固定」です。まず序文を書き、目次を置きたい場所に1つ目の「見出し」をつけてください。そこからポイントポイントに「見出し」をつけていきましょう。「目次」は「見出し」の数だけ表示される仕組みになっています。

目次機能を使う場合は、note を公開する際に［公開設定］→［目

次設定] → [最初の見出しの上に表示] のチェックマークを入れて [投稿] します。

　これで目次が表示されます。ちなみに目次はエディター画面では確認できず（2021年3月現在）、どんなふうに表示されるかはアップしてからのお楽しみです。実際に目次をクリックすると、その「見出し」の位置へパッと移動します。これで、読者を読みたいところに迷いなく誘導してあげることができます。

まつゆう*BIOGRAPHY
○ 14

まつゆう / 松尾祐子

問い合わせ先
株式会社 W（ダブル）担当マネージャー：三冢（ミツヤ）
E-mail: mitsuya@wtokyo.co.jp

▼ 目次
Profile
m'z mag.とは
WORKS
まつゆうの20年の歴史
Forbes Interview
1998-2013 WORKS

目次をクリックするとその段落へ飛ぶ

　普段、note をブログの代わりや日記として活用している人はあまり使わない機能かもしれませんが、たとえば旅行記やグルメリポート、商品紹介、レシピなどでも目次は使いやすいですし、読み手も便利だと思いますので、自分にぴったりの使い方を探してみてください。

目次機能は、まとめ記事をつくるのにも便利です。記事の冒頭に表示されるので、読者にも「こういう内容か」ということが伝わります。

21 本文にはしっかりと キーワードを含める

SEO 対策は文章の書き方にあり

インターネットで何かを書いたり文章を発表したりする際に、それをたくさんの人に読んでもらう方法の1つとして、検索エンジンがあります。いまなら Google や Yahoo! を使っている人が多いのではないでしょうか。普段はあまり検索しないという人でも、何か調べ物をする際には検索エンジンを使うはずです。そして、検索結果として出てきたサイトをクリックして読んでいるはずです。

つまり、検索エンジンで検索されることも、より読まれるための方法の1つなのです。

世の中には SEO（Search Engine Optimization）というテクニックがあります。これは日本語では「検索エンジン最適化」と呼ばれるもので、2000 年代前半くらいから日本でも積極的に使われるようになったキーワードです。

簡単にいえば、「より検索されやすくする技術」です。それは文章の書き方だったり、Web サイトの構築方法だったりと多岐にわたるのですが、ここでは文章の書き方について1つだけ注意点を挙げておきます。サイトの構築に関しては、note 自体が積極的に SEO の施策を進めているとのことなので心配はいりません。

固有名詞は正確に

さて、SEO です。検索エンジンに向けた文章の書き方です。とはいっても、特にテクニカルな話をするつもりはありません。

だって、検索エンジンのために note を書くわけではありません
から。あくまでも、その検索エンジンの向こう側にいる人に向け
て書く文章で、気をつけるべき点です。それは、「本文にはしっ
かりとキーワードを入れましょう」というものです。

　たとえば「原宿のおいしいパンケーキの店デラウマパンケ」に
ついて書いている記事であるならば、少なくともキーワードとし
て、

● **原宿**
● **パンケーキ**
● **デラウマパンケ（仮称）**

　というのは本文中に入れておきたいところです。もしかすると
「デラウマパンケーキ」というふうに、誤った店名を記載してし
まっているかもしれません。注意してください。最近の Google
は賢くなっていますが、固有名詞が間違っていると検索されない
場合もあります。

　note にはイラストやマンガを投稿しているクリエイターの方
も多いと思いますが、絵だけでは Google に内容を認識してもら
えません。Instagram のハッシュタグのような形でもいいので、
イラストやマンガに関係しているキーワードを本文に入れておく
と、より多くの人に読んでもらえる可能性が広がります。

**SEOのテクニカルな話ではキーワードの出現頻度
などもありますが、あまり気にせず、読者にとってよ
いと思われる文章を心がけましょう。**

22 書き方のパターンを見つける

　それなりのボリュームの note を書こうとした際に、皆さんはどうやって書いていますか？

メモをためていく方法

　いわゆる一般的な文章術となりますが、起承転結を念頭に自分が書きたいことを書き出していき、それをもとに全体の文章を肉づけしていく方法というのがオーソドックスかと思います。目次を最初につくってしまうようなイメージです。

　ネタ出しともいえるかもしれませんが、気になることや書きたいことをスマートフォンのメモ帳に追加するなどしておくと、それが立派なネタ帳になります。もしかすると、通勤のときに見つけた看板や、テレビで見た印象的な場面、もしくは友人から聞いた名言らしきものが、話の起点になるかもしれません。

　そうしたテキストの断片をメモしておき、note に展開し、書きたいことの目次をつくり、肉づけしていく方法だと、少し時間はかかりますが文章としては構築しやすくなりますし、論理的なものを書くことができるでしょう。

思いのままに書ききる方法

　逆に、です。ぼくはこちらのケースが多いのですが、なんとなく書きたいことが頭に浮かんだら、とにかく書き出してしまうのです。あとは指のおもむくままに、頭に浮かんでくることをタイプしていきます。1 人ブレスト（ブレインストーミング）ともい

えるかもしれません。

　これだけ聞くと「なんだか難しそう……」と思えるかもしれません が、たとえばテレビドラマを観て感じた話を友だちにする場面を思い浮かべてください。あらかじめ何を話すか考えてから話しはじめることはありませんよね？　「自分はこう思っている」ということは案外、簡単に口をついて出てくるものなのです。それをいい文章でないといけない、しっかりと書きとめておかないといけないと思うからハードルが高くなってしまうのです。

　まずは一気に思っていることを書き出してしまうというのも１つの手です。あとからいくらでも修正することはできます。まずは書きはじめる、そして書ききる、その練習からはじめましょう。

　ノートですから、何を書いたっていいんですよ！

　ということで、この文章も事前にほぼ何も考えずに一気に書き上げてみました（笑）。

通勤時に書く、昼休みに書く、寝る前に書く……いつ書くかだけでもパターンはさまざまです。書きやすいパターンを見つけてみましょう！

23

関連記事のリンクを張り、回遊を促す

リンクの張り方

　文章を書き進めていくと、過去に自分が書いた記事など、その内容に言及したい記事が出てくることがあると思います。そんなとき、その記事をいちいちテキストにおこして引用して文字にテキストリンクを張る、なんていうのはもう昔の話。note に直接リンクを張るのが便利でおすすめです。

　note 内の記事にリンクする場合はリンクを張ると、ユーザー名、タイトル、見出し画像、書かれた日付、文頭から数行を確認できる「カード型」で表示されます。note ユーザー同士であれば、誰かが自分の記事をリンクした場合にアラートでお知らせがくるので、リンクされた側も知ることができて便利です。

リンクを張ると、見やすく表示される

　リンクの張り方は、2 通りあります。

● **本文に URL を直接打ち込んで Enter キーを押す**

Enter キーを押すと自動的にカード型のリンクが表示されます。

● **本文の左にある [＋] ボタンをクリックして、＜＞（貼り付け）を表示する。＜＞をクリックして URL を入れる**

こちらも、Enter キーを押すとカード型のリンクが表示されます。

　操作が速いのは直接打ち込む方法ですが、どちらでも同じように表示されます。Twitter や Instagram の URL にリンクした場合も見やすいカード型で表示されます。

　Amazon や Yahoo! ショッピングなどショッピングサイトのリンクを張った場合は、note に対応しているサイトであればカード型のリンクバナーに商品名、値段、商品画像が表示され、購入ボタンもついているので、ページからリンクで飛んでいけばすぐにおすすめの商品を購入できます。

購入ボタンをクリックすると、ショッピングサイトに飛んで買い物できる

現在は、アドベントカレンダーサービス「Adventar」、マンガ投稿、マンガ口コミ、音声配信、クラウドファンディングなどのサービスにも対応しています。

24 イラストやマンガを
のせる

　アウトプットの仕方は人それぞれ。noteクリエイターの中でも、イラストやマンガ（画像）をアップしている人が多く、noteの中でも人気コンテンツの1つといえるでしょう。

　「イラストやマンガを趣味で描いているけれど、発表の場がないんだよなあ」なんて思っている人がいたら、ぜひnoteで発表してはいかがでしょうか？　思っていたよりも簡単で、便利に投稿することができます。

イラスト、マンガのアップロード方法

　イラストやマンガのアップロード方法は2つあります。

●［画像］からアップロード

　まとめてドラッグ＆ドロップでアップすることが可能です。1ファイル10MB以内で、最大で30枚を投稿できます。

●［テキスト］エディターに貼り付ける

　イラストやマンガの途中に、ブログのように文章を入れて編集したい場合はこちらがおすすめです。どちらかといえば、日記やブログのような書き方です。

　たとえば30ページのマンガだとしたら、「画像からアップロード」をおすすめします。何がよいかといいますと、30枚までドラッグ＆ドロップするだけでアップできるという手軽さ。また、画像の中から見出し画像を指定でき、記事を一般公開する前に画像を

手軽に並べ替えることもできます。

見出し画像の指定や並べ替えができる

　この場合は、画像に255字以内で短い説明文を入れることもできます。もちろん、何も書かないこともできます（その場合は、文字がない状態になります）。マンガの場合は、説明文を入れなければ、まるで縦読みでマンガを読んでいるような操作性で読み続けられます。イラストの場合は、作品の補足として文字を入れることもできます。

　マンガやイラストが得意な人とnoteはとても相性がよいと思いますので、「何を書いたらいいかわからない」という人は、イラストやマンガのアウトプットからはじめてみるのもありだと思います。もちろん写真もアップできますので、写真が趣味の方はフォトギャラリーとして使うのもおすすめです。

マンガ投稿サービス「コミチ」、マンガの口コミサービス「マンバ」をカード型で貼り付けることができるので、ぜひ活用してみましょう！

25

音楽や動画を
のせる

動画や音声でできるアウトプット

　昨今のムーブメントの1つとして、動画配信があります。テキストやイラスト以外でも、動画や音声によって自己表現をしてみるのはいかがでしょうか？　note では、動画を直接サーバーにアップロードすることはできませんが、［投稿］→［動画］、そこに YouTube、Vimeo、Tik Tok の URL を貼ることで、記事内で動画の表示が可能になります。私の note 内での動画の使い方は2つ。

● **自分でアップロードした YouTube 動画を貼り付けて、補足で文章をつけ、更新したことをお知らせする**
● **映画のレビューを書く際に、配給会社が宣伝用にオフィシャルで公開している予告編を貼り付ける**

　［音声］からは、5分という制限時間（iOS の場合。Android は 10分）でラジオやポッドキャストのような声の配信をアップロードしたり、オリジナル楽曲をアップしたりできます（※最大 100MB、形式：MP3、AAC）。こちらもドラッグ＆ドロップで簡単にアップロードが完了。タイトル、アーティスト名、説明を書く欄が設けられています。配信は、無料か有料かを選ぶことができますが、［有料の場合は購入者のみがダウンロードできます］とした場合のみ、購入した人がそのデータをダウンロードすることが可能です。

オリジナル曲などもアップすることができる

　画像と音声は、パソコンやスマートフォンの Web ブラウザか
らは、ファイルを添付してアップロードします。

　音声データのみ(トークだけをアップしたい場合)を簡単にアッ
プロードするには、note のスマートフォンアプリから、[音声]
を選び録音してアップします（Web ブラウザからは不可）。この
場合は、無料配信しかできず、5分という時間制限があります。

著作権には要注意

　音楽、動画、音声、マンガ、イラスト、写真等のファイルデー
タをアップする際に、気をつけなければいけないのが著作権です。
違法にインターネット上にアップロードされているものを紹介す
るのは絶対にダメです。自分でつくった YouTube や、ラジオ風
に編集したものでも BGM にも著作権がある場合は使えませんの
で、著作権フリーの素材や、使用可能な BGM を提供しているサー
ビスを使用してリンクを張るなど、きちんと気をつけてアップし
ましょう。

　動画は、URLを直接貼り付けることで記事に埋め
込むことができます。動画のレビューなどは、この方
法が見やすくて便利です。

26 音声でラジオのように発信する

新しいアウトプット

　本書を書いている最中に、私も新しいアウトプットがしたくなってチャレンジをはじめました。1つ前の「音楽や動画をのせる」で解説していた「ラジオやポッドキャストのような声の配信」に挑戦してみたくなったんです。約1年前までYouTubeでVLOG（動画ブログ）を40本アップロードしていました。これはこれで楽しかったのですが、やりたいことが多すぎて動画編集に時間を割けないという、よくある悩みにぶち当たりました。

　ある日、久しぶりに深夜ラジオを聞く機会がありました。中学生の頃はそれこそ毎日深夜ラジオを聞くのが大好きな日課でした。あのゆるい感じ。聞き手はまるで友だちのような。「うわー。私、こういうのがやりたかったんだ」と気づいてしまったんです。そこで、思いついたのがnoteの音声配信でした。まさにこれが私にとってベストではないか、と。

　10代〜20代のモデル時代はラジオ番組の仕事もしていましたし、ポッドキャストもやっていました。ですので、しゃべることは好き。あとはもう「アウトプットする」を実行するだけではないですか！

音声にBGMをつける

　私の音声配信は、とりあえず「VOICELog」と仮に名付け、発信をはじめています。「VOICELog」のつくり方を参考までに説明しますね。

私は自分自身のオリジナル楽曲ももっているので、BGM として使おうと思い、簡単に編集して配信することにしました。編集は MacBook に入っていた「GarageBand」でやりました。いきなりはじめよう、と思い立ったので、マイクなどの機材は iPhone についていたマイク付きイヤホンを使用しました。MacBook にイヤホンを挿して、GarageBand を立ち上げて好きなことをしゃべる。失敗したりして、カットしたいなあと思ったら、そこはカット。最後までしゃべり終えたら、BGM を薄くのせて MP3 に書き出して完成です。

　ちなみに現時点（2021 年 3 月）では、スマートフォンの Web ブラウザからは音声の投稿ができません。パソコンからのみの対応となります。note のアプリからだとボイスメモのように話す、撮って出しのような配信が可能です（iOS は最大 5 分、Android は最大 10 分）。録音後は、投稿前に開始・終了時刻のみ編集可能。

　しゃべるのが好きな人、話し相手がいる人は、音声配信が面白いと思います。ぜひチャレンジしてみてください。

「VOICELog」画面

 気軽に配信できる音声配信サービス「stand.fm」や、オーディオブック「audiobook.jp」も貼り付けることが可能ですので、活用してみてください。

27 いつでもどこでも書けるようにしておく

　あなたはいつどこで文章を書いていますか？　「パソコンを開いてキーボードでタイピングするほうが、すらすらと文字が書ける」という人もいれば、「いいや、スマートフォンで書くほうが早いし、出先でも書けるから便利」という人もいるでしょう。スマートフォンと SNS の普及とともに、アウトプットやその準備の仕方も大きく変わってきています。

スマートフォンとパソコンを使って書く

　かくいう私も、いま、この文章をスマートフォンで書いています。フリック入力が速くて得意な人にとってはスマートフォンで書くほうがスムーズです。よいネタを思いついたときや、いきなり書きたくなったとき、または何かを鑑賞して、その感想をすぐに書きたいときなどは、リアルタイムで書けるので読み手側にとっても臨場感のある仕上がりになるでしょう。

　note をスマートフォンから書く場合、2 通りのやり方があります。

● note の公式アプリから書く

　公式アプリは以前よりアップデートされ、iPad にも対応し、創作がもっと気軽に楽しくできるようになりました。音声をその場で録音して直接アップロードする機能は Web ブラウザからは利用できません。音声データを編集しないで、すぐアップしたい人は公式アプリからの投稿がおすすめです。

● Web ブラウザを使って note のエディター画面から書く

　パソコンから書くのとほぼ同じことができるので、私はこちらをおすすめします。細かな機能の他、［ダッシュボード］を見ることができ、Web ブラウザでできることは、ほとんど可能です。私は、Web ブラウザを使って下書きをしています。

　若い世代の note ユーザーの中には、スマートフォンオンリーでパソコンからは原稿などをアップしないという人も少なくないそうです。アプリや Web ブラウザに直接書くのもありですが、太文字にしたり、リンクを入れたり、画像の挿入なども、やはりパソコンからの操作のほうが安定していて早いので、スマートフォンとパソコンのいいとこ取りをしながら、両方を駆使していつでもどこでも書ける体制をつくっておくことが大切です。

パソコン、Webブラウザ、noteアプリを実際にさわってみて、どれが一番自分にとって使いやすいか試してみてください。

28

効率よく書くために
メモを使おう

　こういった経験はありませんか？　一生懸命書いていた文章を間違えて消してしまった。アプリが落ちて、書いたものがすべてなくなってしまった。せっかく書いた文章も、ゼロからのスタートとなると効率が悪いですし、やる気も削がれてしまいますよね。

下書き、清書の方法

　note の Web ブラウザのエディターはとても優秀で、こちらを使って書いた際は、文字の入力をはじめると、下書き保存ボタンをクリックしなくても自動で保存してくれます。アプリは、iOS に自動下書き保存があり、Android にはありません。

　間違って消してしまうようなミスを防ぐためにも、私はスマートフォンのメモアプリを使って、まず草案を書いています。下書きの文章をメモアプリに書いていき、ある程度まとまったところで note のエディター画面に貼り付けて下書き保存し、パソコンから装飾やリンク、写真を追加したりして清書するというスタイルをとっています。

おすすめメモアプリ

● 文字数カウントメモ（無料）iPhone / Android 対応

　何文字書いたのかがわかるよう、入力中の文字数を把握しながら書くことができます。カテゴリーフォルダに色分けで分類することもできるので、わかりやすくてとても便利です。また

文字数カウントメモ

編集中のメモは自動保存され、メモを編集したあとからでも過去のメモに戻すことができます。

● メモ　iPhone対応

iPhoneにもともと入っているアプリです。シンプルですが、iCloudと同期している場合はパソコンからもメモが編集可能なので便利です。絵文字などを文中に使いたいというときは、メモ上で書いてからnoteへ下書きしています。

iPhoneに標準搭載
しているメモアプリ

毎日更新したいので下書きを書きためておきたい人、ネタにいきづまることがないように、「日々これを書きたいな」と思ったことを、箇条書きでもいいのでこまめに書きためておくとネタ帳の役割も果たしてくれます。

私のエピソードですが、深夜に作業をしていると、脳が活性化してきてアドレナリンがたくさん出ることがあります。そういうときに、ものすごい速さで書きたいことがあふれ出してくるのですが、ポジティブなときもあれば、少しネガティブなときも。

こういう、いつもと違った環境下で書かれた文章は心情が一気にあふれ出てしまって、アップしたあとで「やっぱり投稿しなければよかった」ということにもなりかねません。深夜の超大作は、まずはメモに思いの丈を書きつづって一晩寝かせ、次の日の朝に読み直し、「あり」の場合は手直しして投稿。「なし」の場合はメモに寝かせています。

noteのWebブラウザは自動保存機能があるので安心ですが、さらに保険でメモを使っています！いろいろなところに保存されていれば安心です。

29

SNSでシェアして
広める

Twitter や Facebook でシェアする

　noteを書いたら、SNSにシェアをして広めましょう！　せっかく書いた文章ですから、たくさんの人に読んでもらいたいですよね（中にはひっそり、こっそり、という人もいるのは承知しております）。書いた文章を広めるための令和時代のSNSといえば、やはりオープンなTwitterでしょうか。それとクローズドなSNSになりますが、Facebookですね。自分はTwitterのフォロワーが少ないから……という人も少なくないかと思うのですが、何がきっかけで広まる＝拡散するかはわかりません。

　フォロワー数が少なくても、フォロワーがリツイートしてくれることでその先に届いていく可能性があるのですから、そこだけをことさら気にする必要もありません。考えようによっては、リツイートしてくれない100人よりも、リツイートしてくれる10人のほうが貴重ということもいえるかもしれませんよ。

　noteのヘルプにも、次のように書いてあります。

　記事を公開したあとは、書いた記事をSNSにシェアしましょう。SNSにシェアをする際は、タイトルとURLだけをシェアするのではなく、記事の要約やコメントなども合わせて投稿するのがおすすめです。フォロワーが「この記事面白そうかも」と思ってクリックしてもらうことが目的なので、ぜひ心がけてみてください。

シェアするときは出し惜しみしない

note で記事を書いて投稿すると、Twitter の［ツイートする］と Facebook の［シェアする］というボタンが表示されますので、それぞれクリックして簡単にシェアできます。

そのときに大事なのは、コメントを添えるということです。記事の肝心な部分を出し惜しみすることなく要約して載せてしまう、というのも、インパクトのある方法です。むしろ、そこがフックにならないと、クリックしてもらえないのですからね。SNS 時代は出し惜しみをしない、というのもキーワードの 1 つといえるでしょう。

少し難しい話になりますが「IFTTT（イフト）」というインターネット上のサービスを使うと、記事を公開した際に自動で更新情報を Twitter に流すこともできます。まずは投稿を自動で Twitter に流しておき、あとからコメントを添えてさらにツイートする、という方法も考えられます。

また「IFTTT」を使うと、決まったツイートを定期的（週 1 など）に実行することも可能ですので、「この note は読んでほしい」というものがあれば、そういう設定をしておくことも可能です。いずれも上級編ですが。

余談になりますが、note の中の人にインタビューしたときに「note と Twitter は両輪のようなもの」という趣旨のお話をされていたのが印象的でした。note でよいコンテンツを書きつつ、Twitter でプロモーションすることも大切なのだな、と理解しました。

両輪の話でいうと、「note が書けないときは Twitter でリハビリをするとよい」というお話もされていました。IFTTT https://ifttt.com/

30 ハッシュタグの つけ方のポイント

　ハッシュタグといえば、Twitter や Instagram などの SNS のイメージが強いと思います。同じ趣味や同じ場所にいる人、流行などが見つかるのがハッシュタグのよいところですよね。そんなハッシュタグですが、note 内にも存在します。

人気のタグを参考にする

　記事に何もつけないで投稿することもできますが、自分の投稿にハッシュタグをつけることで、note 内で他のユーザーに自分の記事を知ってもらえる機会が増えます。ぜひ、ハッシュタグをつけてみましょう。「でも、何をつけたらいいんだろう？」というときには、note のタブ内にある［人気タグ］を見てみましょう。圧倒的に人気なハッシュタグは、次の 2 つです。

●「# 毎日 note」

　現時点（2021 年 3 月）で、投稿数は 48 万件を軽く超えています。note をはじめたばかりの人は、使い方を覚えるためにも、ライトなものから発信していくのが多いからだと思われます。

●「# エッセイ」

　もう少しグレードアップしたものを発信したい、読ませたい人はこちらを使っているようです。こちらも投稿数が多く、71 万件を超えました。

　続いて、「# 写真」「# イラスト」「# コラム」「# 小説」「# マン

ガ」という、このあたりのハッシュタグも 20 万件を超えている
ので、つけたほうがよいですが、このタグを使う方も多いので流
れていってしまうのも速いと思います。

タグづけのポイント

① 自分の記事のカテゴリーをタグづけする

(例) ＃日記　＃エッセイ　＃写真　＃イラスト　＃マンガ　＃小説
＃音楽　＃レシピ

② その中でも何をテーマにして語っているか？

(例) ＃暮らし　＃旅行　＃恋愛　＃映画　＃アニメ　＃子育て

③ 連載名、作品名、商品名など

(例) ＃ハワイ旅行記　＃映画レビュー　＃子育てマンガ

こういったタグをつけていくとよいと思います。

Instagram などでは、これでもか！　というくらい、大量のハッ
シュタグを追加している人も見受けられますが、note に関して
は「5個」くらいがベストだといわれています。

また、ハッシュタグ「＃ネタバレ」をつけて記事を公開した場合、
記事上部に［記事に「＃ネタバレ」タグがついています］という
お知らせが見出し画像の上に表示されます。映画やドラマ、アニ
メのレビュー。展覧会の感想などを書きたい書き手と、ネタバレ
はされたくない読み手のこともしっかり考えられています。

自分の好きな note クリエイターがつけているハッ
シュタグを参考にするのもよいです。どんなものを
つけているかチェックしてみましょう！

31 名刺代わりのプロフィールを充実させる

　自分の好きな note クリエイターに出会ったとき、その人のことをもっと知りたいと思いませんか？　また、自分の記事を読んでくれた人に、「私はこういう者です」と、自分のプロフィールを知ってほしくはないですか？

プロフィール記事を書く

　note のトップページには、アイコンとともに 140 文字までの短い SNS のようなプロフィールを入力することができます。しかし、140 文字で自分のことを伝えきるのは、なかなか至難の業です。特に note のようなサービスには文章が得意な人も多いですし、プロフィールをしっかり充実させ、作品を見せながら自分のことを伝えたいという人も多いのではないかと思います。

　note では、投稿した記事をプロフィールとしてクリエイターページのメニューバーに固定表示することができます。記事として投稿するので長文も書けますし、URL の貼り付けが可能なので、いままで自分が書いた人気の記事を貼り付けたり、自著やインタビュー記事などへのリンク、いままでの経歴や仕事歴などとともに、写真、イラスト、マンガ、小説、動画、音楽なども紹介したりと、思う存分アピールすることができます。

　まっさらなエディター画面を、自分で好きにカスタマイズしてつくり上げていく。プロフィールを書くだけなのに 1 人ひとりの個性が出るクリエイティブな作業で、すごく note らしい機能だと思いました。また文章で、その書き手の人となりや、いまま

でやってきたことなどにふれることができ、もっと作品を好きに
なってもらえる可能性が広がるのではないかと思います。

プロフィールをクリエイターページに登録する

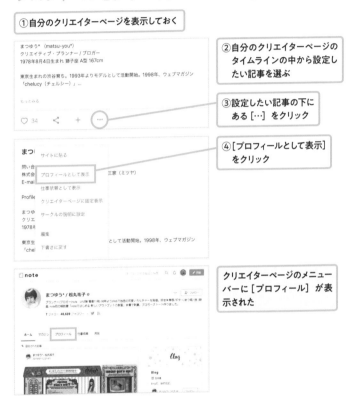

① 自分のクリエイターページを表示しておく

② 自分のクリエイターページの
タイムラインの中から設定し
たい記事を選ぶ

③ 設定したい記事の下に
ある [⋯] をクリック

④ [プロフィールとして表示]
をクリック

クリエイターページのメニュー
バーに [プロフィール] が表
示された

プロフィールのリンクを名刺代わりに送ることもで
き、自分のことを知ってもらえます。ぜひ活用してみ
てください。

32

最後まで読んでくれた人に向けてメッセージを書く

　時間は有限です。大切な時間を使って自分の記事を読んでくれた。とてもうれしいことですよね。顔が見えたら「ありがとう」を言いたい気持ちになるのではないでしょうか？

　そんなときは、記事文末にあるサポートエリアを使ってお礼のメッセージを伝えてみてはどうでしょうか？　サポートエリアは、140文字以内のメッセージを書くことができます。書き込むとメッセージが反映され、必ず記事下に表示される仕組みになっています。

サポートエリアは記事文末に表示される

サポートとは？

　noteの記事への対価として金銭的にサポートする機能です。金額は、100円、500円、1,000円、任意（自由に設定可能、上限1万円）から選べます。サポートの結果として、クリエイターの継続的な活動を支援することができます。

サポートする側は、サポート時にメッセージを送ることができ、サポートされた側もメッセージを送り返すことができます。

　このエリアをサポートの促進のために使うのもありですが、記事の文末についているのでサポート目的ではなく、お礼のメッセージを書く場所にするのもよい使い方だと思います。

　もちろん、このエリア自体を掲載したくない場合は、オフにしておけば表示されません。では早速登録してみましょう。

サポートエリアの登録方法

①画面右上のプロフィールアイコンをクリックして、［アカウント設定］の画面を表示しておく

②［リアクション］をクリック

③［サポートエリアの説明文］の［設定する］をクリックして編集（140 字以内）

心をこめて、読み手の方へメッセージをしたためてみてください。他の人が何を書いているのかチェックしてみるのも参考になります。

33 自分の記事を推薦してもらう

他のクリエイターの記事を表示する

　note をはじめたばかりの頃は、SNS を使ってフォロワーにお知らせしたり、拡散したりすることはできますが、すぐにはたくさんの人に見てもらえないかもしれません。まずは 1 人でも多くの人に届いてほしいというのが、書き手としての正直な気持ちではないでしょうか。そういうときは、1 人でも読者が増えるかもしれない、この機能を使ってみてください。

　［アカウント設定］の中に［自分の記事の下に他のクリエイターのおすすめ記事を表示する］というチェック項目があるのですが、これをオンにすると自分の記事の一番下の部分に［こちらもおすすめ］という形で、他の note クリエイターの記事が表示されます。そして、この機能をオンにしている他の note クリエイターの記事の一番下に自分の記事が推薦されるという、お互いにとってハッピーな仕様になっています。

　この機能を使用すると、自分が書いた記事に関連があるものなどが表示されやすくなりますので、同じ趣向の読者が見にきてくれる可能性も高まります。もちろん、note のページは自分の聖域。他の人の記事は掲載したくない人はオフにすれば自分の記事しか表示されませんので安心してください。

　私はこの機能を使用していますが、自分の記事を確認しているときでも「あ、これ面白そう！」と見にいくことがありますので、読む側にも親切だと感じました。元のページの書き手、相互関係になっている書き手、読者、3 人にとってハッピーですよね。

設定方法

① 画面右上のプロフィール
アイコンをクリックして、
[アカウント設定] をク
リック

② [ユーザー設定] の項目にある
[自分の記事の下に他のクリエイ
ターのおすすめ記事を表示する]
がオンになっているかをチェック

私はこの機能で読みたい記事を見つけやすくなりま
した。クリエイター同士のつながりを強く感じる機
能なので、試してみてください。

34 仕事につなげるための「依頼記事」を書く

note で広がる仕事の輪

先輩 note クリエイターの中には、note の記事を見たことがきっかけで仕事のオファーがきた人も多くいらっしゃるそうです。私も note をはじめたことで、ここ数年、受けていなかったようなコメント寄稿や、コラムの執筆、イベントの出演依頼がきました。「アウトプットしてきてよかった」と思う瞬間です。

たとえば、あなたがお仕事を頼むクライアント側だったとします。note を読んだとき、どんな情報がわかっていればオファーを頼みますか？

「このクリエイターさんいいな」と思っても、「こういうお仕事はできるのかな？」と考えたまま、他の人にお仕事がいってしまってはもったいないですよね。

3 章 31 節の「プロフィール」もそうですが、もっとダイレクトに仕事へつなげるため、やっておくとよいことがあります。「お仕事依頼」のページをつくることです。プロフィールと同じく、こちらも 1 つの記事ページをベースにしているので、自分の好きなようにカスタマイズできます。たとえばこんなふうにです。

> 私は、こういうことができます！
>
> ・コラム執筆　　　・イラストを描く
>
> ・写真を撮る　　　・イベント出演

できること、やりたいことを箇条書きにしたり、人によってはギャラの価格帯をしっかり書かれている人や、NG な仕事や引き

受ける際のスタンスをのせたりしている人もいます。また、PDF
などでプロフィールやポートフォリオをアップしてダウンロード
できるようにしておくのも手です。クライアントさんが、検討す
る際の資料として大変有効だと思います。

「仕事依頼」の記事をクリエイターページに登録する

①自分のクリエイターページを表示しておく

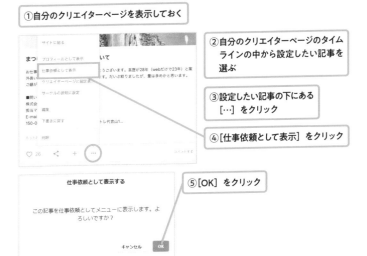

②自分のクリエイターページのタイム
ラインの中から設定したい記事を
選ぶ

③設定したい記事の下にある
［…］をクリック

④［仕事依頼として表示］をクリック

⑤［OK］をクリック

クリエイターページのメニュー
バーに［仕事依頼］が表示さ
れた

皆さんのやりたいことが少しでも実現しますように。
メールアドレスやSNSアカウントなどの連絡先の記
載も忘れずに！

35 間違いやミスは すぐに修正する

校正をしていますか？

　皆さんは、note を書いたあとに読み返してセルフ校正をしていますか？　世に文章を発表するのですから、できるだけ誤字脱字をなくすため、読み返して間違いがあれば修正を……と思うのですが、なかなか完全に誤字脱字をなくすのは難しいですよね。

　もし紙の本や雑誌のようなものであれば、それこそ、目を皿のようにして文章の間違いを探すでしょう。しかし、高い頻度で更新する note では、毎回、校正をするのもなかなか大変です。それに、誤字脱字チェックがおっくうになって、note を書くことまで面倒に感じられるようになってしまっては本末転倒です。

　軽く読み返して、ざっと誤字脱字のチェックをしたら、そのまま note を公開してしまうというのも方法としてはありです。というのも、インターネットの記事のよさで、誤字脱字はあとから簡単に修正することができるからです！

　もしかすると、読んだ人から「どこそこの文字が間違っています」というメッセージをいただくかもしれません。そのようなときには、ありがとうございますと感謝しつつ、速やかに誤字を修正するようにしましょう。読んだ人からダイレクトにフィードバック（誤字脱字のようなものでも）がもらえるのも、やはりインターネットのよさの 1 つといえます。

過去の記事にも発見が

　それと、過去の note を読み返すということはしているでしょ

うか。たまに自分の古い記事を読み返すと「これは本当に自分が書いたのか⁉」という新鮮な驚きとともに、文章の整合性がとれていない箇所や、誤字脱字を発見することがあります。そのようなときは、やはり速やかに修正するようにしましょう。

過去の記事とはいえ、検索エンジンから細々と、アクセスが継続している場合がありますから、やはり文章内の間違いはなくしておくのにこしたことはありません。

あまりないかもしれませんが、もしも内容を大幅にアップデートするようなことがあるときは、場合によっては古い内容も残しておきつつ、日付を併記して「追記」したことがわかるようにしておくことも検討してください。

更新（追記等）されたことがわかるようにしておくと、時代の流れとともに数字がアップデートされていく様子などにも、気づくことができます。完全に書き直してしまうのではなく、こうしたアップデートの履歴というのも、貴重な情報になるのですよね。

センシティブな内容にも注意が必要

最後に、あまり多いケースではないとは思いますが、センシティブな内容を取り扱う場合には、特に内容に関する注意が必要になります。誤字脱字だけでなく事実関係に間違いがないかといった確認や、誰かを傷つけるハラスメントのような内容になっていないか、あらためて確認する必要があります。

気づかぬうちに誰かを傷つけてしまっている、というのは避けて通れません。第三者に読んでもらう、ということも検討してみてください。

Q クリエイターサポート機能って何?

A クリエイターを金銭的に支援できる仕組みです

　noteの記事を最後まで読み切ると、一番下に［気に入ったらサポート］という項目が表示されていることに気づきます。これをクリックすると、100円、500円、1,000円、任意金額という金額とともに「○○さんをサポートしよう!」という文言が表示されます。これがクリエイターサポート機能です。有料で公開されていないnote記事に対して、記事への対価としてクリエイターに支援金を送ることができる機能です。

　なお、クリエイターサポート機能は、クリエイター側で機能をオンにしている場合に表示されます。

　感動した記事やイラストに対して、なにがしかのお礼をしたい気持ちが湧くこともあるでしょう。多くの場合は［スキ］やコメントになると思いますが、それでは収まらずに「サポートがしたい!」という気持ちになることもあるかもしれません。そのような場合にクリエイターサポート機能を利用できます。結果として、クリエイターの活動の支援となります。

第 4 章

ステップアップ
する

慣れてきたら
レベルアップしよう

　「自分の作品をアウトプットしたい！」。きっと、そう思って本書を手にとってくださっている人が多いと思います。そして、この章までをお読みいただいている人の中には、すでに note で情報発信しはじめている人も多いのではないかと思います。さて、note に慣れてきたところで、ネクストステージへ進みましょう！

　note には、月額 500 円を支払うことでもっとアウトプットの可能性が広がる「note プレミアム」というサービスがあります。無料版ではできないこと、この機能がほしかった！　というものもあり、さらに作品を発信しやすい状態へ導いてくれます。

　ここまでは、「アウトプットすること」についてのお話をメインに進めてきましたが、note の

特徴の1つでもある有料機能についてもじっくり説明させていただきます。好きなnoteクリエイターの有料記事を買ってみたり、自分で記事を売ってみたり。

　人気のnoteクリエイターの中には、たくさんの有料定期購読の読者をおもちの人もいらっしゃいます。「情報発信がしたい」という夢からはじまり、noteをはじめてみたら最終的にはクリエイターとして華々しく活躍できていた。それがnoteの秘めたる可能性だと私は思っています。そのためには、noteで使えるさまざまな機能を使いこなすことが肝心です。

　クリエイターとしての次のフェーズに向けてステップアップしてみましょう！（まつゆう*）

36

ヘッダーを変更して
アピールする

ヘッダー画像は note の「顔」

　note クリエイターのクリエイターページにいくとヘッダー画像を設定している人が多いと思います。見る専門のアカウントの場合などは、何も設定されていないかもしれませんが、note を活用している方は大体設定されているのではないでしょうか？

　このヘッダー画像は、「なんとなく」「写真がない」という理由で、最初は手もちの写真を設定していることが多かったりすると思うのですが、自分がアウトプットしていきたいものの世界観やイメージを想起させるものを設定しておくことで、読者がクリエイターページにきてくれた際に興味をもってもらえる可能性が高まります。

　たとえば、「旅についての note を書こう！」と思ったら旅を想起するような写真にしてみたり、「マンガを描いていこう！」と思ったら主人公のイラストを設定してみたり。「自分のいろいろなことを書いていくぞ！」と思ったら趣味全開の画像でもいいと思います。ヘッダー画像というのは実はとっても重要で、雑誌の表紙みたいなポジションだと私は思っています。note に登録したら、すぐにでも変更しましょう！　とはいいませんが、落ち着いたらぜひヘッダー画像を変えてアピールしてみましょう。

ヘッダー画像の設定方法

　現在、note のヘッダー画像は「横 1,280px × 縦 670px（縦 216px がトリミングされてヘッダーに表示されます）」サイズです。

自分でデザインや画像のトリミングができる人は、このサイズに合わせてヘッダー画像を制作するとピッタリとはまります。

　設定は、自分のクリエイターページで［設定］→ヘッダー画像部分のカメラアイコンをクリック→画像を選んでサイズを合わせて［保存］で完了です。

ヘッダー画像を変更できる

　ご自分で指定サイズにトリミングできない人も、ここでサイズを合わせることができますので安心してくださいね。クリエイターページ設定画面では、プロフィールアイコンとクリエイター名、自己紹介も変更できます。

　季節ごとにヘッダー画像を変更したり毎月1回変更したりするなどの変化をつけると、それを楽しみに見にきてくれる人もいるかもしれません。

私は、クリエイターページとマガジンのヘッダーをブルー系で統一しています。デザインや色をそろえて、自分の世界観を出していきましょう！

37

プレミアム機能で
何ができる?

プレミアム機能でできること

　note を使いこなせるようになり、ワンランク上の note ライフを送りたい人におすすめなのが、月額 500 円で利用できる「noteプレミアム」です。無料版ではできることに制限がありますが、note プレミアムに入ることでさらにできることの可能性を広げることができます。

　それでは、note プレミアムではどんなことができるのでしょうか?　今後も増えていくとのことですが、現段階では 7 つの機能を使用できます(2021 年 3 月現在)。

● 定期購読マガジンの申し込み

　月額の定期購読でマガジンを販売できる機能(審査あり)。

● 予約投稿機能

　日付・時間を指定して予約投稿ができる機能。

● つくれるマガジン数が無制限

　無料版ではマガジンを 21 個までしかつくれませんが、その上限がなくなります。

● コメント欄のオン/オフ機能

　コメント欄のオン/オフができるようになります。記事単位でオン/オフできます。

● 数量限定販売

　有料記事にする際、最大数量を設定できる機能。「限定先着何名様まで」と、限定感を出すことができます。

● 販売価格の上限アップ

有料記事、有料マガジンの販売価格の上限が5万円にまで引き上がります。無料版では上限1万円。

● Amazon ウィジェット

自分のクリエイターページに Amazon ウィジェットを最大5個まで追加可能。

もっとこうしたい！　と思ったときに

以上の7個の機能が note プレミアムでできることです。私も note プレミアムユーザーなのですが、一番の決め手は予約投稿ができることとマガジンの数を増やせることでした。特に旅行記ごと、カテゴリーごとに記事をマガジンにまとめたいと思っていたので、21個でも十分だとは思ったのですが、やはり何個でもつくれるとなるとうれしいなあと思いました。

無料版でも広告はなく、見やすいし十分なのですが、使い続けていくうちに、もっとこうしたい！　と思ったとき、その悩みを note プレミアムが解決してくれるかもしれません。一度目を通して、検討してみてはいかがでしょうか？

Amazon ウィジェットとは、Web サイトや SNS で Amazon の商品を紹介できる小さなリンクパーツのことです。

38 コメントは必要に応じて オン／オフする

コメントオフはプレミアム機能で

　note には、コメント機能が実装されています。note ユーザーになってログインしていれば記事単位でコメントを書くことができます。無料版は、コメント機能をオフにすることができません。すべての記事でコメントがオープンの状態となりますが、人を傷つけるコメントを減らすための対策として、コメントを投稿する前に確認画面が表示されます。それでも、さまざまな理由からコメントをオフにしたい人も少なくないのではないかと思います。その場合、オフにする方法が1つだけあります。note プレミアムに入ることです。

　note プレミアム機能の1つに「コメントのオン／オフが、記事単位で設定できる」というものがあります。すべての記事に対して「オン／オフ」を選ぶのではなく、1記事単位で設定できます。

　たとえば、「この記事にはコメントをつけたくないな」という場合はオフに。「みんなで議論したい」「コメントぜひ募集中！」というときはオンに。1記事ごとに自由に選ぶことができます。

コメントのオン／オフ設定方法

　設定方法はとても簡単で、［公開設定］→［詳細設定］の一番下の段にある［コメント］で［コメントを受け付ける］にチェックマークをつけるかつけないかだけです。

チェックマークをつけるとコメントオン、外すとオフになる

　「コメント欄が荒れてしまうのが嫌だ」という理由の場合は、記事を有料にして公開するという手もあると思うのですが、有料記事の読者には、そのクリエイターの熱烈なファンの人も多くいると思います。そこにもしネガティブな意見が書かれた場合、コメント欄で読み手同士がもめてしまうこともあるかもしれません。それを防ぐ目的で、コメント欄を閉じるためだけにnoteプレミアムに入ったというエピソードも聞きました。

　コメント欄についての考え方も人それぞれ。コメント欄は、いろいろな人の意見を聞くことができるので、アウトプットする人間にとっては貴重な場です。コメントはいい機能だと思いますが、オフにしたいという場合は、noteプレミアムに入ることをおすすめします。

いまのところネガティブなコメントはないですし、コメントからnoteクリエイター同士の輪が広がるので個人的にはオンがおすすめです。

39

予約投稿で
「投稿しそびれ」を防ぐ

途絶えた連続投稿記録

　私が note をやっていてとても悔しかったこと。それは、連続投稿記録が 75 日で途絶えたことでした。実は、ネタが見つからなくなってしまったわけではなく、実際その日投稿するための記事もすでに用意済み。あとは投稿するだけ。しかも、仕事が忙しくなったときにも記録を伸ばせるようストックまでしてありました。しかし、ある日記録は途絶えてしまったのです。

　ある日のこと、40 度の高熱を出して倒れてしまいました。体が痛くて動けない。インフルエンザを疑うくらいの高熱でした。そのときはもうろうとしていて、とにかく寝続けました。そして気づいたんです。「あ！　note 更新してない……」。慌てて更新してみると、記録は途絶えていました。

　note の連続投稿は毎日 0 時でリセットされるようなのですが、その時間内に投稿することができなかったのです。そのときに思ったのが、「予約投稿機能があったらよかったのに」でした。ストックはある。予約しておけば毎日決まった時間に投稿することもでき、読者にも更新時間を覚えてもらえて、読んでもらえる可能性が高まります。

あると便利な機能

　実はそのあと知ったのですが、あったんですよ、予約投稿機能。note プレミアムに！　いままでブログサービスなどで有料版を使ったことがなかったので、しっかり確認していなかったのです

が、あったんです。月500円払っていたら、いま頃記録は伸びていたのかしら？　と、無駄な想像をしてしまいます。

　それ以外にも、毎回決まった時間に投稿したい、仕事で毎日更新しているので休日も投稿できるようにするなど、予約投稿機能は個人的にとても便利で気に入っています。500円は高いか、安いか？　個人的には500円払っておけばよかったなあ、と思うのでした。

「1日1投稿！」「連続投稿記録更新」を目指している人は予約投稿が安心。投稿時間を設定できるのもうれしい機能です。

40

有料記事を
購入する

マガジンでも記事単体でも購入可能

　noteでは無料の記事も多くありますが、クリエイターによっては課金を設定している場合があります。インターネットでは何でも無料で提供されているイメージがありますが、それは広告がついているからです。無料で見ることのできる民放テレビ番組のようなものです。

　一方、noteには広告が表示されません。そのため、noteを収益の柱の1本として考えたい（成長させたい）クリエイターは、有料のnoteを提供できるようになっています。これは有料のインターネット配信番組のようなものですね。

　noteでは、クリエイターは企業から収入を得るのではなく、読者やユーザーから直接収益を得ることができるようになっています。

　いいと思ったコンテンツに課金したいという人も多くいます。なぜならクリエイターも霞を食べて生きることはできないからです。クリエイターがよいコンテンツを長く提供し続けられるように支援する仕組みとしても有料記事は機能しているのです。

　かつては（ブログなどで）1本の記事に課金するというのはなかなか定着しなかったのですが、noteのおかげでそれも普通に行われるようになったと思います。そういう意味では、日本におけるコンテンツ課金の歴史を変えたといっても過言ではないのではないでしょうか。

　noteで有料記事を購入するのには、マガジンとして購読する

場合と、記事単体で購入する場合があります。ある人のファンであればマガジンとして月額課金で購読するのもよいでしょう。そうではなく、あくまでもその記事だけを読んでみたいという場合には、記事単体で購入できることもあります。

　記事単体での購入を選ぶと、支払方法の選択画面になります。そこで、クレジットカードでの支払いか、スマートフォンの料金と一緒の支払いかを選択します。スマートフォンの料金と一緒の支払いというのは、いわゆるキャリア決済のことです。キャリア決済というのは、スマートフォンの料金として支払いができるというもので、キャリアによって上限額が違います。note では次のように上限額が決められています。

● ドコモ ケータイ払い
10,000 円／都度（定期購読：5,400 円／月）

● au かんたん決済
50,000 円／都度（定期購読：5,400 円／月）

● ソフトバンクまとめて支払い
50,000 円／都度（定期購読：100,000 円／月）

　一部の定期購読型マガジンでは、コンビニ決済も選択できるようになっています。

　クレジットカードの支払いを選択した際に、まだクレジットカードの情報を登録していない場合は、クレジットカードの支払い情報を入力する画面となります。

● カード番号
● カード名義

次のページに続く

● 有効期限

● セキュリティーコード

　入力する項目は上記のようになります。手順と併せて確認してください。

　定期購読など有料記事を購入する予定がある人は、あらかじめ［アカウント設定］の［カード情報］から、クレジットカード情報を登録しておくこともできます。

　マガジンを購読する場合は、月額で支払いをすることになります。この支払いは毎月自動で更新されますので、購読を停止する際には自分で手続きする必要があるのを覚えておきましょう。

有料記事を購入する

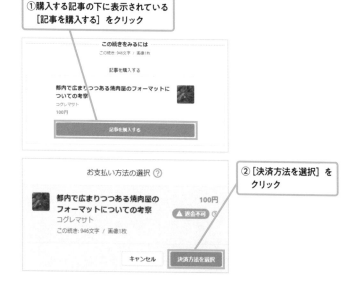

①購入する記事の下に表示されている［記事を購入する］をクリック

②［決済方法を選択］をクリック

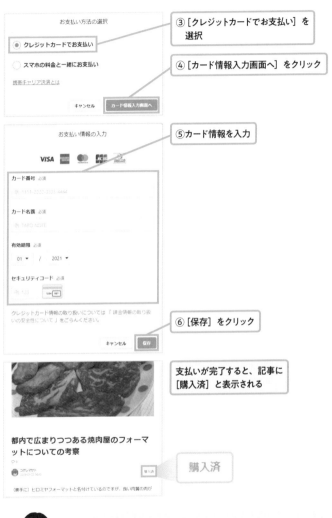

③ [クレジットカードでお支払い] を選択

④ [カード情報入力画面へ] をクリック

⑤カード情報を入力

⑥ [保存] をクリック

支払いが完了すると、記事に [購入済] と表示される

noteの価格はクリエイターの主張でもあります。課金する場合は他のnoteもじっくりチェックし、後悔のないよう購入することをおすすめします。

41 有料記事を
つくる

有料記事のつくり方

note ではクリエイターが自由に無料の記事、有料の記事を書き分けることができます。有料で販売できるのは、テキスト、画像、音声です。動画はマガジン化するテキストの中に埋め込むことで可能です。

たとえばテキストの有料記事を公開するときには、エディター画面右上の［公開設定］をクリックしたあとに表示される［公開設定］のダイアログで、無料か有料かを設定します。有料で販売したい場合は、ここで［有料］を選択し、販売したい金額を設定します。金額は 100 円から 1 万円（プレミアム会員は 5 万円まで）の間で設定できます。この際に、プレミアム会員は数量限定で販売することもできます。

続いて有料エリアを設定します。これは、テキストのどこからを有料として非公開にするか、という場所を設定するものです。よくある「この先は課金が必要です」というものです。

最初の一段落を無料で公開するエリアとし、残りを有料エリアにする人もいれば、半分くらいを有料エリアにする人もいます。また、すべてを無料エリアとしてしまうことで「もし内容がよければ課金してください」というふうに、有料エリアをゼロにする人もいます。これに関してはどれが正解ということはありません。自身の販売ポリシーのようなものになります。有料エリアをゼロにしているものに関しては、読者が記事に価値があると感じた場合に対価を得られます。

何が有料記事にふさわしいか

　有料記事として販売するものは、自身の論考だったり、調査結果であったり、仕事で得たノウハウのまとめだったり、取材してきちんと書き上げたものだったり、エッセイであったり、イラストであったり、マンガであったり、さまざまなものがあります。自信をもって販売するものもあれば、ものは試しに販売してみたいというものもあるでしょう。それは自由に販売してみてもよいと思っています。というのも、最終的には数字として表れてきますので。数字をもとに試行錯誤できるのがインターネットのよさでもありますから。

　有料で販売したnoteを購入してくれたユーザーはわかるので、イベント入場の課金の仕組みとして、noteを販売するという方法をとる人もいるようです。

ヒロミヤフォーマットの焼肉店は似たところがありますが、それでもやはり少しずつ違いがあります。ここではその違いと、個人的なオススメをまとめておきます。

それぞれの店の特徴からです。

[この続きをみるには]
この続き：2,061文字

記事を購入する

ヒロミヤと時楽と笹塚園、それぞれの特徴と違いについて。加えて個人的なオススメ。
コグレマサト
200円

記事を購入する

有料エリアを設定すると、[この続きをみるには] と表示される

無料公開したnoteを有料に変更したり、またその逆をすることも可能です。たくさんの人に読まれたくないから有料にするという人もいます。

42 有料記事の価格を決める

ちょうどいい価格のつけ方

いざ、有料記事を販売しようと考えたときに、必ず突き当たるのが「価格問題」です。一体自分の書いたnoteにはどのくらいの価値があるのだろうか？　きっと多くの人がそう考えるのではないでしょうか。

たとえば、一般的に書店で販売される書籍のことを考えてみましょう。マンガは500円くらいで販売されていますね。新書だと1,000円弱くらい、ビジネス書になると1,500〜2,000円くらいでしょうか。書籍の制作には、書き手以外にも多くの人が携わっています。編集者、書籍の営業マン、校正者、デザイナー、DTPする人、印刷する人……これだけの専門家の手を経て世に送り出される書籍は、ある一定の水準をクリアしているといえます。そして一般的に著者の印税となるのは、5〜10％程度といわれています（いまだと10％は多いくらいでしょうか？）。

著者印税で考えるとマンガで50円、新書で100円、ビジネス書で150〜200円程度です。かなり薄利多売なビジネスといってもいいかもしれません。ただ、これをそのままnoteに当てはめることはないとも思っています。いうなればnoteの場合は、書き手が編集者も兼務しつつ、noteを販売するための営業マンにもならなくてはなりません。そう考えれば、noteの手数料もろもろがクレジットカードの場合で15％で、残りが手元に入ってくるのも自然なことだと思います。

noteのコンテンツの料金は、100円から1万円の範囲内で投稿

者が自由に設定できます（プレミアム会員は上限5万円まで設定可能）。しかし、いきなり1万円を設定して売れるものでしょうか。そもそも出版自体も著者の実績が必要です。何もないところからいきなり出版するのは、自費出版です。ですから、有料記事を販売する際にも、最初は一般的な書籍よりも安めに設定しておき、実績を積んで価格を上げていくのも1つの考え方です。

「自分だったら買う」価格が目安

　有料記事はデジタルコンテンツという性質上、返金を受け付けていません。そのため、購入するほうからすればギャンブルのように感じることがあります。最初は「勉強代だ」と諦めもつくかもしれませんが、何度も繰り返せば手にとってもらえなくなってしまうでしょう。

　有料コンテンツには、いわゆる情報商材と呼ばれるものがあります。よくあるのはインターネットを使ったもうけ話ですが、2万円や3万円の高額で販売され、再現性がないものが多くあります。高額で内容の伴わない有料記事を販売すると、情報商材として判断される場合もありますので注意してください。noteでは情報商材の販売は禁じられています。

　実際のところ有料記事の値付けは難しいのですが、「自分だったらこの値段で購入する」という価格帯にするのがいいのではないでしょうか。そうであれば、自信をもってすすめることができると思いますので。

「インターネットでもうける」というnoteで、その「もうける情報を販売すること」自体がビジネスとなっていることもあるのでご注意を。

43

記事が売れたら
お金を受け取る

受け取る金額を確認する

　記事が売れたり、マガジンが購読されたりすると、売り上げが
たまっていきます。noteでの売上を確認するには、[ダッシュボー
ド]から[売上管理]を開きます。[今月の売上]として、最新
の売上が総額として表示されます。[詳細]をクリックすると、
その内訳が表示されます。

　何もしなければ売り上げは積み上がっていきます。振込可能金
額としてたまっていきますので、必要に応じて売上金を受け取る
ための手続きが必要となります。[振込依頼]をクリックすると、
振り込みの依頼ができます。振込先の銀行口座を登録していない
場合は、そのまま銀行口座を登録することができます。

　振込先の口座は[アカウント設定]の[お支払先]から、あら
かじめ登録しておくことができます。個人／法人の名前、郵便番
号、住所、電話番号の他、銀行名、支店名、口座番号、口座名義
などを入力します。

　noteの売上金が振り込まれるときは、もろもろの手数料が引
かれた金額となります。手数料は、以下のようになっています。

● noteのプラットフォーム利用料

　売上金額から決済手数料を引いた額の10％（定期購読マガジ
ンの場合は20％）

● 決済手数料

　クレジットカード決済では売上金額の5％、携帯キャリア決済

では売上金額の 15％

　たとえば 1,000 円の売り上げだったとすると、クレジットカード決済の場合は決済手数料が 50 円です。残り 950 円の 10％である 95 円が note のプラットフォーム手数料となります。この場合は 1,000 円の売り上げに対して、145 円が手数料となります。加えて、260 円が振込手数料となります。1,000 円の売り上げに対して振り込まれるのは、595 円となります。振込手数料は一律でかかりますので、振込依頼をするなら、ある程度まとまった金額になってからのほうがいいかもしれません。

　売り上げは、前月末までの未振込の売上金額が 1,000 円以上の場合に、登録している銀行口座への振り込みが可能となります。毎月 25 日までに申請すると、前月末までの未振込売上金額がもろもろの手数料を引いて登録している銀行口座に振り込まれます。以前は note の売上金に預かり期限はありませんでしたが、2021 年 3 月以降は売り上げが発生した日から 180 日間の期限が設定されるようになりました。売上金が 1,000 円未満の場合は口座振込ができないため、Amazon ギフト券コードで売上金が支払われます。

　［ダッシュボード］では振込履歴、販売履歴を確認できます。

次のページに続く ▶

売り上げの振込依頼をする

①画面右上のプロフィールアイコンをクリックして
［アカウント設定］の画面を表示しておく

②［お支払先］をクリック

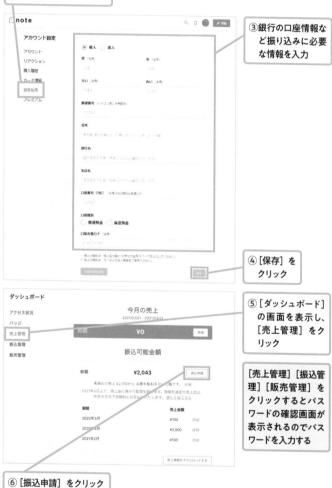

③銀行の口座情報な
ど振り込みに必要
な情報を入力

④［保存］を
クリック

⑤［ダッシュボード］
の画面を表示し、
［売上管理］をク
リック

［売上管理］［振込管
理］［販売管理］を
クリックするとパス
ワードの確認画面が
表示されるのでパス
ワードを入力する

⑥［振込申請］をクリック

振込申請

以下の内容で振込申請をします。
よろしいですか。

¥2,043

キャンセル　申請する

⑦ [申請する] を
　クリック

状況が [申請中] となり、お支払日が表示された

未振込の売上

総額　　　　　　**¥0**

前月末までの未振込の売上総額が1,000円以上の場合に振込依頼が可能です。

2021年3月より、売上金に預かり期間を設けます。期間を過ぎた売上金は、
所定の方法で自動的にお支払いいたします。詳しくはこちら

売上情報をダウンロードする

処理済みの売上

期間	お支払日	売上	状況	
2014年4月	2019/07/31	¥1,800	振込済	詳細
2015年8月	2019/07/31	¥100	振込済	詳細
2017年5月	2019/07/31	¥100	振込済	詳細
2019年6月	2019/07/31	¥100	振込済	
2020年3月	2021年3月末予定	¥100	申請中	
2020年4月	2021年3月末予定	¥2,500	申請中	詳細
2021年2月	2021年3月末予定	¥100	申請中	詳細

申請中

金額の多い少ないにかかわらず「売上金」という響
きは素敵ですね。有料で読んでくださった人がい
る、というのは本当に励みになります。

44

有料記事と無料記事を
書き分ける

有料記事の特徴

　note は、有料記事と無料記事を 1 記事単位で設定できます。では有料記事と無料記事は、どうやって書き分ければよいのでしょうか？　答えはというと、人それぞれ。note クリエイターの数だけ書き分けのルールが存在すると思います。note をはじめる際のきっかけとして、記事を有料にできるという機能に魅力を感じてはじめられる人もたくさんいらっしゃると思います。

　有料になっている note には、こんな使い分けが見られました。小説、エッセイ、マンガ、音楽などの作品たち、著名人のファンクラブ代わり、占い師の人は雑誌よりボリューム満点な今月の占いなど、もっといっぱいあるとは思いますが、主にこういった記事が有料記事にされているような気がしました。皆さん、いろいろなルールで有料と無料を書き分けられていると思います。

　私の例ですが、note の中で「m's mag.」という Web マガジンをつくっています。スタートする際に決めたマイルールは、「m's mag.」は、基本すべて無料公開にするということでした。私は、有料機能がついているところがいいなという理由で note を使いはじめたというよりも、アウトプットしやすいというところが気に入って自分の主軸を note にしました。もちろんお金を払って記事を購入してくださったらとてもうれしいとは思いますが、それよりもたくさんの人にお読みいただきたいので、無料にしました。

有料にするマイルール

　ほとんどの記事を有料にしている人に話をうかがってみたのですが、「なぜ有料記事が多いのか？」の問いに対し、「昨今のブログや SNS などは書きたいことを書きにくい世の中になっている気がする。もっと自由に思ったことを以前のブログや SNS の読者に向けて、内輪ネタも入れつつ切り込んで書きたいので、ほとんどの記事を有料にしている」とおっしゃっていました。

　オリジナル楽曲をダウンロードできるようにしている人は、音源は有料公開、日記や音源制作日記については無料公開。売り上げは機材を買うためにためています、とおっしゃっていました。

　冒頭にも書きましたが、考え方は note クリエイターの数だけあると思います。あなたが、どのようなカタチで誰に向けて何をアウトプットしたいか？　そこから、あなたのマイルールに「有料記事と無料記事の書き分け方」を付け加えてみましょう。

有料、無料どちらにしよう？　わからなかったら、どちらも試してみて自分のやりやすいスタイルを探してみてください。

45

転ばぬ先の
バックアップ

おすすめのバックアップ法

　正確にいうと、残念ながら現時点での note はバックアップ機能を有していません。サービス側で厳重にバックアップ体制はとっているでしょうし、これまでにサーバーの障害などで note の記事が消えてしまったという話も聞いたことはありませんので、十中八九は note にもろもろを任せておいても大丈夫だとは思いますが、残り「一」が起こると大惨事なのは当然です。

　さらに縁起でもないことを書きますが、サービスが終了する可能性もゼロではないのです。これはすべてのインターネットサービスにある可能性であり、note だけではありませんが。

　ですから、転ばぬ先のつえとして、自分で適宜、バックアップしておくといった対策をしておくとより安心できるのは間違いありません。

　それでは、どうやって note の記事のバックアップをとっておくべきでしょうか?

　おすすめなのは、Evernote というインターネット上のノートサービスに保存しておくことです。Google Chrome 用の Evernote の拡張機能がありますので、それをインストールしておくと、ワンクリックで Evernote に note の記事を保存しておくことができます。ページ全体として保存すれば、画像もまとめて保存できます。

note を Evernote に保存する

メモやテキストでの保存も

　この「note で記事が更新されたら Evernote に保存する」というのが手軽な方法ですが、無料版の月間転送容量は 60MB という制限がありますので、そこだけ注意してください。Evernote に保存しておけば、パソコンからだけでなく、iPhone や Android などスマートフォンのアプリからでも確認することができます。

　Evernote が難しいという場合は、テキストだけでもコピーしておくといいかもしれません。その場合は、メモ帳などのテキストが書けるアプリならばなんでもよいでしょう。スマートフォン内のアプリに保存しておくのもよいですし、Google ドキュメントのようなクラウドサービスを利用してもよいでしょう。

非公式のエクスポートツールを開発された方がいます。自己責任でお試しください。https://note.com/qrio_yagi/n/n4bdeff3cabf6

46
note から
退会するには

もしも退会したくなったら

　もしも note から退会したくなったときには、どういう手続き
をすればよいでしょうか。おそらく多くのインターネットサービ
スでは、利用しなくなるとそのまま使っていることを忘れて、な
んとなくログインしなくなる……というケースが多いのではない
でしょうか。ただ、note では、特に実名で記事やイラストなど
を投稿していた場合、それらはそのまま note のサービスが終了
するまで残り続けます。つまり、名前で検索すると、ずっとそ
れらは検索結果として表示され続けることになります。しかも、
note は検索エンジンの上位に表示されやすいので、名前で検索
した際に多くの人の目にふれる可能性が残り続けることになりま
す。

　読まれて恥ずかしいものでなければ、自分の名刺代わりとして
残しておいてもいいでしょう。しかし、一般的に「黒歴史」と
呼ばれるものがあるように、10 年後、20 年後に振り返ったとき
に「やっぱり消しておけばよかった」と考えが変わる可能性もあ
ります。公開しておくことに必要性を感じないのであれば、note
に投稿したコンテンツがすべて削除される「退会」の手続きをとっ
ておくといいでしょう。

退会の手続き

　note を退会する際の注意点としては、一度退会すると、これ
までに投稿・購入した記事やコメントの記録を再現できなくなる

という点です。自分が投稿した note はバックアップしておくという手があります。もちろん購入した note もバックアップしておくことができますので、完全に読めなくなってしまうわけではありません。また、退会時の注意点として定期購読マガジンを購読している場合は、Web ブラウザから note にログインし、マガジンページの［購読中］から購読を停止したあと、退会の手続きを進める必要があります。定期購読中のマガジンの購読停止を完了しないと、退会手続きをすることができません。

　その後、note からの退会は所定の URL を開き、退会の手続きを行います（https://note.com/settings/withdrawal）。

　退会の際には［退会しますか？］という画面が表示され、退会する理由を書くフォームもあります。もう一度、注意ですが、退会すると投稿・購入した記事やコメントの記録は再現できなくなります！

　note を投稿しなくなってしばらく経過し、それでもなお、やはり退会したいという意志があるときに退会手続きをとるのがよいかと思います。

なお、退会したあとにnoteを再開する場合の注意点は、メールアドレスは再登録できるものの、noteIDは再登録できないことです。

Q テイストの違う記事を投稿したいとき、アカウントは分けるべき？

A アカウントは分けずにマガジン機能を使うことをおすすめします

　第5章で詳しく説明しますが、noteの中には「マガジン」という機能があります。テイストの違う記事を書く場合、アカウントを何個ももつよりも、マガジン機能を使ってみてはいかがでしょうか？　マガジンというだけあって、表紙となるカバー画像の挿入、マガジンのタイトルや内容の説明文も入れることが可能です。さらには読んでもらいたい順にいつでも順番を変えることができます。

　マガジン機能はブログでいうカテゴリーに近いと思いますが、大きく違う点は書き手のnoteクリエイター自身をフォローしなくても、そのマガジンだけをフォローできることです。

　たとえば、書き手がマガジンをいくつかつくっている中で、このマガジンだけを読みたいという場合、そのマガジンだけをフォローすればよいのです。noteのアカウントは自分のベース基地として1つだけもっておいて、趣味嗜好によってマガジンを分けてつくってみるというのはどうでしょうか？

第5章

自分らしく
まとめるマガジン

自分や他の人の記事を
まとめよう

　note には、「マガジン」という機能があります。マガジンは複数の記事をまとめることができ、「記事をマガジンでまとめる」のとおり、まるで書籍や雑誌のように編集して見せることができます。カテゴリー別に分けられるといえばわかりやすいでしょうか？

　自分の記事を、日記、小説、マンガといったジャンルごとにマガジンで分けることもできますし、連載やタイトルごとにマガジンをまとめることもできます。マガジンに分けて編集することで、読み手が読みたいものを読みやすくできるのです。自分の note をわかりやすくカテゴリー分けしたり、他の人の記事をマガジンに集めてキュレーションすることもできます。また、そのマガジン自体を 1 つのメディアとして発信していくことも

できます。ちなみに私は、この方法で「m's mag.（ミズマグ）」というメディアを運営しています。

いままでのSNSにおけるフォローという概念はアカウントに対して行うものであることが多かったと思いますが、noteではマガジンだけをフォローすることができます。ですから、アカウントのフォローはしない方針だけど、このマガジンは読みたい、という場合は、マガジンをフォローしておけばそのマガジンにコンテンツが追加された際に、タイムラインに表示される仕組みになっています。

マガジンを使いこなせば、noteがもっと楽しくなる。さあ、マガジンを使ってみましょう！（まつゆう*）

47

自分の記事を集めて
マガジンをつくる

タイトルもこだわってみる

　早速、マガジンをつくってみましょう！　マガジンの定義は自分の好み次第で、いかようにでもつくることができます。例を挙げると、日記、マンガ、イラスト、写真、旅行というように、自分が書きたいことのカテゴリーを書き出してみましょう。内容が決まったところで、マガジンのタイトルを考えてみましょう。もちろん、日記は「日記」でもいいのですが、せっかくなので雑誌の名前のようにあなただけのオリジナリティーあふれるタイトルにすると素敵だと思います。

　私が詩を書くときには、「詩」ではなく「コトノハ手帖」というマガジン名を使っていました。

マガジンのつくり方

　マガジンは、画面右上のプロフィールアイコンをクリック→［マガジン］→［マガジンを作る］でつくることができます。クリエイターページに表示されるヘッダー画像や、マガジンタイトル、マガジンの説明、無料にするか有料にするかを設定でき、マガジンのレイアウトは［リスト（小）］［リスト］［カード］から選ぶことができます。マガジンの表紙ともいえるヘッダー画像のサイズは、「1,280px × 670px（縦216pxがトリミングされてヘッダーに表示されます）」です。オリジナル画像にこだわる方は、ぜひ素敵なヘッダーをつくってくださいね。

リスト (小)　　　　　　リスト　　　　　　　カード

　さあ！　マガジンが完成しました。実際に自分の記事をマガジンに集めてみましょう。マガジンへの登録方法は3つあります。

　1つ目は、記事公開時の［公開設定］→［詳細設定］で追加したいマガジンの［追加］をクリックして公開する方法。2つ目は、タイムラインにある　のマークをクリックする方法。3つ目は、記事の下部にある［＋］ボタンをクリックする方法。マガジンリストが出てくるので、加えたいマガジンに［追加］してください。たったこれだけで、マガジンの完成です！

プロフィールアイコンをクリックし、［マガジン］メニューをクリックするとマガジン一覧が表示される

次のページに続く ▶

マガジンのつくり方

① プロフィールアイコンをクリック

② [マガジン] をクリック

③ [マガジンを作る] をクリック

④ マガジンタイトルなどを入力

⑤ [作成] をクリック

マガジンが作成された

記事をマガジンに追加する

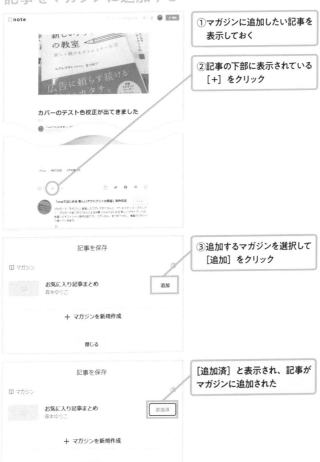

① マガジンに追加したい記事を
　 表示しておく

② 記事の下部に表示されている
　 ［+］をクリック

③ 追加するマガジンを選択して
　 ［追加］をクリック

［追加済］と表示され、記事が
マガジンに追加された

最初からたくさんマガジンをつくらなくても大丈夫
です。記事がたまってきたらマガジンをつくってまと
めるという手順もやりやすいですよ。

48 非公開マガジンを つくるメリット

自分用ブックマーク

　マガジンは、「公開」にするか「非公開」にするかを選ぶことができます。そもそもマガジンとは、読者が記事を読みやすいようにまとめたり、カテゴリー分けをしたりする機能なのですが、非公開にするメリットってそもそもあるんでしょうか？

　非公開マガジンの主な使用方法は、自分用ブックマークです。noteの世界を巡っている際には、「あ！　このマンガ面白い！」「この記事って素敵だなあ」という出合いが多々あります。もちろんフォロー機能があるので、その人をフォローするのも手ですが、特にこの記事が好き、何度も読み返したい、落ち込んだときにこの言葉をもう一度読みたい、このレシピいつかつくってみたい、このマンガ泣いた！　などピンポイントに「その記事が好き」ということが、noteではよく起きると思うのです。

　そんなときに使えるのが、非公開マガジンです。ちなみにnoteのマガジンは無限に登録できますので、気に入った記事を見つけたら非公開マガジンにどんどん追加していきましょう。

　追加の仕方は簡単です。タイムラインにある🔖のマークをクリックする。もしくは、記事ページ下部にある ［＋］ ボタンをクリック。マガジンリストが出てきますので、加えたい非公開マガジンに ［追加］ してください。

非公開マガジンには［非公開］と表示される

　私はいままで非公開マガジンはブックマーク程度で使用していたのですが、これをきっかけに「好きだな」「心が揺さぶられた！」と思った作品たちを集めて、いつか発表しようかな、と思いました。なんだか雑誌の編集長になったような気分ですね。もしかしたら、本書をお読みの皆さんの記事をピックアップさせていただくかもしれません。そのときはどうぞよろしくお願いいたします！

「好き」「泣ける」「元気が出る」など非公開マガジンもジャンル分けしておくと、あとで読みたい記事を探すのに便利です。

49 複数人で 同じマガジンを書く

一緒に1つのものをつくる

マガジンは、カテゴリー分けやブックマークに使える他、友人や仲間と共同運営することもできます。

本書の前身の執筆中には、担当編集のワタナベさんが公式 note「『note ではじめる 新しいアウトプットの教室』制作日記」をスタートさせてくれて、共同運営マガジンとして共著者のコグレさんと3名ではじめました。共同運営マガジンを書くことで私は、みんなで一緒に1つのゴールに向けてがんばっているのを感じました。みんなが本書に対して、どういう思いで関わっているのか、実際はなかなか会えませんが、みんなの記事を読むことでがんばろう！　と励みになったりもしました。

みんなでつくると更新頻度も上がる

共同運営マガジンは、同じ学校のクラスメート、同じ職業の集まり、同じ趣味のメンバー、交換日記風の記事などいろいろな切り口があると思います。同じテーマについてたくさんの人が投稿できれば、更新頻度も上がりますし、読み手側にとってはうれしいと思います。

共同運営マガジンには2種類あります。通常会員かプレミアム会員かで変わってきます。

● プレミアム会員（月額500円）

マガジンの形式：無料、有料、定期購読（定期購読は審査が必要）

運営メンバーの人数：無料は上限なし

有料と定期購読は 20 名まで

● 通常会員（無料）

マガジンの形式：無料のみ

運営メンバーの人数：100 名まで

サークルを使ってみよう

　マガジン機能とは別に「サークル」という月額会費制で、コミュニティーや同好会をつくることができる機能があります。価格・内容を分けて、最大 3 つのプランをつくることができ、サークル専用の掲示板をつくったり、同じ趣味の仲間で集うことができます。マガジンよりも一歩踏み込んだ機能ですので、サークルを使うことでより仲間との交流を深めることができます。

たくさんの人と一緒に取り組むことで、新しい発見があるかもしれません。マガジンやサークルをぜひ活用してみてください。

50 お気に入りの記事を集めてマガジンをつくる

好きなクリエイターの記事をまとめる

　いままでは、アウトプットのお話をたくさんさせていただきました。note の中には、素敵な作品を発信されている人がたくさんいらっしゃいます。note クリエイターの方たちの記事を見て、もっともっとクリエイター心を熱くしていきましょう！　マガジンは自分の記事をまとめられますが、自分以外の note クリエイターの記事もまとめられる仕様になっています。好きなクリエイターの記事をスクラップするように、マガジンにまとめてみましょう。

　もちろん、自分がつくったお気に入り作品をまとめるのもありです。自分の小説、マンガ、エッセイ、イラスト、写真、音楽などの作品をマガジン機能を使って、まるで 1 冊の本をつくるみたいに、読者が読みやすいようにまとめ上げてみてはいかがでしょうか？

　ヘッダー画像は表紙、タイトルは著作物のタイトル、作品説明は本の帯。無料で公開するもよし、有料で販売するならまさに自費出版ですね。

記事の並び替え機能

　長期間かけて連載してきたものをマガジンにまとめるときには、この機能がとても便利です。マガジンの初期仕様では、記事は投稿した順に下へと下がっていき、新しい記事が上に表示されるようになっています。マンガや小説などのように新着順ではな

く古い順に読んでほしい場合は、マガジンの設定ページで順番を入れ替えることも簡単にできます。

　画面右上のプロフィールアイコンをクリック→［マガジン］でマガジンを選び、［並び替え・削除］をクリックします。［追加日順］をクリックすると、一気に新旧の並び順が逆転します。記事の左側の矢印をクリックすれば1つずつ上に上げていくことができ、3本線をクリックしてドラッグすることで好きな位置にもっていくこともできます。

クリックやドラッグで記事の並び替えが簡単にできる

　記事と、自分の見せたいレイアウト（リスト（小）、リスト、カード）を選んで公開すれば、あなただけのマガジンの完成です！

私はマガジンによってレイアウトや表示順を変えています。そのマガジンに合った、読者が読みやすいマガジンを目指しましょう！

51 他の人の記事・マガジンを見る

数珠つなぎで好みの記事を見つける

　note には毎日たくさんの投稿があります。どうやったら自分の好きな記事やマガジンを見つけることができるのでしょうか？

　note のトップページにはタブがたくさんあり、そこにさまざまな記事やマガジンが集約されています。［おすすめ］は note 編集部のおすすめ記事。ここは本当に面白い記事がそろっていて、しっかり読まれてピックアップされているんだなと思います。［マガジン］には、note 公式マガジンやピックアップされたマガジンも。おすすめのメディアマガジンやフォローしているクリエイターのマガジンなども無料と有料でピックアップされていますので、マガジンに関してはここから見つけるのが早いですね。

　私がよくやるのは、「このクリエイターさん、いいなあ！」と思ったら、その人がフォローしている人やフォローしているマガジンをチェックしていくという方法です。素敵な人は素敵な人とつながっていることが多いんですよね。フォローしている人をたどると、自分の好みの記事やマガジン、note クリエイターを発見することが多くて気づいたらいつの間にか数時間経っていたなんてことも！　皆さんも素敵な記事やマガジンとめぐり合えますように。

最近は、SNS で note がシェアされていることが多いです。特に note と Twitter は相性がよいので、よい記事を発見しやすいです。

52 気に入ったマガジンを フォローする

読みたいものだけを読む

　フォロワー至上主義ではない note ですが、フォロー機能はついています。クリエイターページ自体（note クリエイター自身）をフォローすることもできますが、マガジン単位でフォローすることもできます。好きなマガジンを見つけたら、［フォロー］ボタンをポチッと押すだけ。フォローを外す場合も同じボタンをポチッと押すだけです。

　いままでの各種 SNS では、「人、ブランド、会社自体をフォローする」というイメージだったと思います。ですがたとえば、その人の書いた文章だけ読みたい、旅行情報だけが読みたい、最新作のアイテムだけが見たい、その人の私服コーディネートだけが見たい、手作り料理のレシピだけが見たい、ライフスタイルだけが見たい！　そんな感情が、実はフォロワーにもあったりするんじゃないかな？　と思うのです。そんなときに便利なのが「マガジンをフォローする」です。

　マガジンは「こういう記事が集まっています！」「マンガしか載っていません」といった情報がわかりやすく、自分の知りたいことがつまっているので、とても便利です。読みたいところだけ読むことができる、とてもぜいたくな機能です。

自分が読みたいもの、知りたいことだけをフォローすることで時間を効率的に使うことができ、アウトプットの時間にあてることができますね。

53 有料マガジンと定期購読マガジンの違い

有料記事と有料マガジンの違い

note に慣れて、有料記事も試してみたら、次は有料マガジンにも挑戦してみましょう。もちろん方針により「note は無料だけと決めている」という人は、無理に有料マガジンを執筆する必要はありません（共著者であるまつゆう*もその1人です）。ただ、せっかく note が課金コンテンツという新たな地平を切り開いてくれたので、有料記事から一歩進んで有料マガジンに挑戦してみるというのも1つの手です。

有料記事と有料マガジンの違いは何でしょうか。有料記事は単体の記事に課金するものです。記事1本が300円といった形です。

一方、有料マガジンの場合は、マガジンに追加されている記事ならば、有料・無料に関わらず、すべて1つのマガジンとして閲覧できるようになるというものです。もし購入後に記事が追加されたなら、追加料金なしですべての記事を閲覧できます。あとからコンテンツを加えることもでき、読者はそれも追加の課金なしで読むことができます。

まさに複数の記事をまとめて束ねて販売することで「有料マガジン」としているわけです。イメージとしては1冊で完結するムックのような存在でしょうか。

クリエイターにとって有料マガジンは、1つのマガジンで完結する雑誌をつくるイメージとなります。

おすすめ有料マガジン

● 10万文字ボックス

https://note.com/d_v_osorezan/m/mc7c00b460321

小説家が小説を書くため、10万文字になるまで書き続けている有料マガジンです。定期的に更新されていく内容であるものの、500円の買い切り型となっています。定期購読にして定期収入を得るためでなく、半強制的に小説を書き続けるため、このような体裁をとっているとのことです。

●ずっと、音だけを追いかけてきた

https://note.com/takano_hiroshi/m/mc84b61d33fb1

デビュー30年を振り返る、ミュージシャンの高野寛氏による買い切り型の有料マガジンです。3,000円ですが、1つ200円で販売されているエピソードを完結するまで読み続けることができます。最初に単行本を3,000円で販売し、そこに中身を継ぎ足していき、最終的に完成するというイメージでしょうか。

有料マガジンと定期購読マガジンの違い

有料マガジンには、定期購読マガジンというタイプもあります。こちらは有料マガジンのように1回きりの買い切りではなく、月額の定期購読で販売するマガジンとなります。つまり月刊で発行される雑誌のイメージです。

有料マガジンと定期購読マガジンの違いは買い切り型か月額課金かということが1点。さらに定期購読マガジンの場合は、購読開始月以前に追加されていた有料記事はバックナンバー扱いとなり、都度購入する必要があるという点が挙げられます。

つまり定期購読している期間のものは読めるけれど、それ以外の期間に関してはバックナンバーを購入するという感覚です。

次のページに続く

定期的なサポートが得られるという観点からいえば、クリエイ
ターにとってメリットがあるのは定期購読マガジンです。ただし、
定期的に一定のクオリティーのコンテンツが求められますので、
ある程度の覚悟が必要になります。なんとなく開始して「やっぱ
りやーめた」では、読者の信頼を大きく損なってしまいます。

　定期購読マガジンが向いている用途は、連載小説、連載マンガ、
有料メールマガジンといった定期的に配信するコンテンツです。

　定期購読マガジンは note プレミアムに登録している人が利用
できる機能です。申し込み後に審査もあります。

おすすめ定期購読マガジン

● Awesome VIP Club

https://note.com/awesomecityclub/m/m6e85aaa5dc02

　バンド「Awesome City Club」による定期購読マガジンは、月
額 500 円のファンクラブのように運営されています。メンバー
が更新する日記や動画など、2016 年から約 1,500 本のコンテン
ツが更新されています。有名人とファンの交流スペースとしても
note が活用できるという事例になっています。

● 決算が読めるようになるマガジン

https://irnote.com/m/m198d9dfb7e88

　元・楽天株式会社執行役員のシバタナオキ氏が執筆する、決算
を読み解くための定期購読マガジンです。月額 1,000 円で、1 本
500 円の note を月に 4 本購読できます。時事の専門的な内容を
わかりやすく解説しています。

有料マガジン『ずっと、音だけを追いかけてきた』

定期購読マガジン『決算が読めるようになるマガジン』

有料コンテンツを配信する際は、課金する金額よりも多めのリターンを返すくらいの気持ちでいると、読者の満足度も高くなります。

54

有料マガジン、
定期購読マガジンをつくる

つくり方は通常のマガジンと同じ

　有料マガジンと定期購読マガジンは、プロフィールアイコンを
クリックして表示されるメニューから［マガジン］を選んで作成
します。ここではマガジンをつくるだけでなく、自分が購読して
いるマガジンや共同運営しているマガジンの管理もできます。

　有料マガジンと定期購読マガジンをつくる手順は、通常のマガ
ジンと同じです。［マガジンを作る］をクリックします。

　ヘッダー画像を変更し、マガジンタイトルとマガジンの説明を
入力し、［販売設定］のところで無料、有料（単体）、有料（継続）
を選択します。それぞれの違いは先述したとおりですが、もう一
度簡単に説明しておくと、有料（単体）は買い切り型で、有料（継
続）は定期購読型です。前者は単発のマガジンであり、後者は週刊、
隔週、月刊など継続して発行していくスタイルのマガジンです。

　有料（単体）の場合は、金額とマガジンのアピールポイントを
設定し、レイアウトを選択して作成すれば完成です。

定期購読マガジンは覚悟が必要

　有料（継続）は、少し違ってきます。マガジンのアピールポイ
ントや金額に加えて、更新頻度（月1回、月2回、月4回、月10回、
月20回、月20回以上）、定期購読マガジンの初月の料金を無料
にするかどうか、さらに運営向けの申請内容（一般公開はされな
い）を入力する必要があります。

　なぜ運営向けの申請内容が必要になるかというと、定期購読マ

ガジンでは事前に審査が実施されるからです。売り切り型の有料マガジンと違い、定期購読マガジンは長く続いていく可能性があります。無責任な姿勢では運営を続けていくことはできません。そのため、note の運営側としても、定期購読マガジンの承認にはかなり気を配っているのではないかと思われます。誰でも簡単に乗り出すことができないのが、定期購読マガジンです。

　審査の申請では、掲載していく記事の内容、目標会員数、運営責任者名、ホームページの URL など、入力が必要な項目が多岐にわたります。その他にも、一度開始された「定期購読マガジン」の値段は変更できない、1 か月以上記事の更新がない場合は運営事務局がマガジンを停止することもあるといった注意点があります。

　いずれにせよ、定期購読マガジンを開始するのであれば、長期的な視点に立ち、「しっかりと運営をしていく」という覚悟が必要になると考えておくべきでしょう。定期的な収入としてクリエイターを支えてくれる反面、生半可では手を出せない領域ともいえます。

やってみるとわかりますが、金額を決めるのがもっとも難しいところです。アピールポイントも含め、先行事例を十分に研究してみましょう。

55

マガジンを
使いやすく設定する

マガジンの内容によって見え方をカスタマイズする

　noteのマガジンでは、大きく見た目を変えたり、表示をいじったりといったことはできません。シンプルな使い勝手を追求するため、そのあたりのカスタマイズ性はばっさりと削ぎ落とされているといえるでしょう。しかし、シンプルでカスタマイズが少なめのほうが、読者も安心感というか、使いやすさはあります。noteにいけば同じ操作性でサクサクと読み進めることができるというのは、大事な読者体験です。ホームに戻るボタンを探すとか、カテゴリーがどこにあるか探すとか、読者からしてみればそういうことに気をとられたくないというか……。

　ですから、noteのシンプルさは貴重だしありがたいと思っています。

　そんなシンプルなnoteですが、マガジンには読者が「使いやすく」なるための設定がいくつかあります。たとえば、すでにまつゆう＊が5章47節で書いているように、マガジンのトップページは［リスト（小）］［リスト］［カード］から選ぶことができます。日記のような内容なのか、記事が一覧できたほうが便利なカタログのような内容なのか、それに応じて表示方法を選ぶことができます。

　さらに、トップページで表示されている内容はもう少しカスタマイズできます。ページ上部の［並び替え・削除］をクリックすると、手動で記事の順番を入れ替えることができます。最初に読んでほしい注意書きのようなものは、常に一番上に表示しておく

といいですよね。公開日順を昇順・降順で一気に切り替えることができるので、古い日付から読んでほしい小説のような内容であれば、この機能を使うと簡単にソートできます。

　ヘッダー画像も自由に変更できますが、これはクリエイターページでサイドメニューに表示されたときなどに、マガジンのサムネイルくらいの大きさで表示されます。そのため、マガジンが複数並ぶようなら同じデザインの画像を使うことで統一感を出すこともできますし、画像を見て内容をイメージしやすいようなキャッチコピーなりを入れておくのもいいでしょう。このあたりはまつゆう* が上手に活用しています。

ハッシュタグがカテゴリー代わりに

　note にはカテゴリーの概念がありません。書く内容によってカテゴリー分けしてあとから読みやすくしたいというニーズもあるはずですが、note ではそれをハッシュタグが担っています。ちなみに、ハッシュタグは必ず設定しなくてはならないものではありません。ハッシュタグをつけている場合にはあとからソートがしやすくなります。マガジンでハッシュタグをつけると、ハッシュタグで串刺しして記事を読むことができるようになります。これが一種のカテゴリーの代わりです。読者はハッシュタグを意識することなく、普通のカテゴリーのように記事を読めるようになっています。

最初はハッシュタグはなくてもOK。記事が増えてきたら、わかりやすいハッシュタグでカテゴリー分けしていくイメージでもよいでしょう。

56

マガジンを
削除する

マガジンをやめるときは放置しないほうがいい

　作成したマガジンは削除することができます。もちろんマガジンを更新していた軌跡として残しておくこともできるのですが、何らかの理由から削除する場合には、ここで説明する削除の方法を参考にしてください。

　無料のマガジンは放っておいても問題ないでしょうが、たとえば、何かのプロジェクトのために更新していたマガジンで、そのプロジェクトが終わったことからマガジンも不要になって削除することにしたといった場合が考えられます。有料マガジンや定期購読マガジンの場合は、お金をもらっているという責任がありますので、もしその責任を果たせないときがきたら、マガジンの削除を検討するのがいいでしょう。特に月額課金が発生する定期購読マガジンでは、必ず終わりのときを区切る必要が出てきます。そのまま放置することはできません。

　無料、有料（単体）マガジンの場合は、画面右上のプロフィールアイコン→［マガジン］から削除したいマガジンの右上にある歯車マークをクリックして設定画面を開きます。または、開いたマガジンの右上にある［設定］をクリックします。

　無料マガジンと有料マガジン（単体）は、設定画面の左下に［マガジン削除］がありますので、これをクリックすると選択したマガジンの削除が実行されます。

　共同管理人のいるマガジンの場合は、マガジンを作成した人のみがマガジンを削除できます。マナーの範囲内ですが、マガジン

を削除する際は共同管理人にも連絡しておいたほうがいいでしょう。

　有料マガジンを削除しても、マガジン内にあった有料記事は、マガジンの購入者であれば削除後も閲覧できます。

　無料マガジンと有料マガジン（単体）の削除は、［マガジン削除］を実行するだけですので、実にあっさりしたものです。

定期購読の削除は手続きが必要

　定期購読マガジンは、削除するのに手続きが必要です。定期購読マガジンの削除は「廃刊」と呼ばれています。定期購読マガジンを廃刊する際は、マガジン内で告知したうえで、定期購読マガジンの［設定］から［停止申請］を行います。25日までに停止申請をすると、当月末日に廃刊となります（26日〜31日の停止申請は翌月末日に廃刊）。

　定期購読マガジンの廃刊は、思い立ったらすぐにできるというものではありません。開始するときと同様に、廃刊するのも計画的に実行する必要があるわけです。

マガジンは公開設定で［非公開］を選ぶこともできます。公開準備中は非公開にしておくと、誰にも見られずに準備を進めることができます。

Q 他の人の作品を自分の note に使うにはどうしたらいいの?

A 他人の著作物を勝手に使用するのは NG です

　note に限った話ではありませんが、特に何かを掲載してそれを手軽に販売できる note でより気をつけなくてはならないのが、「他人の著作物を勝手に掲載しない」ということです。文章であったり、写真であったり、動画であれば BGM がそれにあたることが多いかと思いますが、他の人が書いた文章をそのまま掲載するとか、インターネットで検索した写真を適当に記事に使うとか、動画の BGM に大好きなミュージシャンの曲を使うといった行為は、著作権者の事前の許諾がなければ著作権法違反となります。

　文章や写真は、引用と本文で主従関係があるなどいくつかの条件を満たすことで引用として認められます。詳細は文化庁の引用の要件でご確認ください（https://pf.bunka.go.jp/chosaku/chosakuken/naruhodo/answer.asp?Q_ID=0000581）。特に写真に関しては note に［みんなのフォトギャラリー］が用意されているので、それを使うと安心です。無料素材を配布している Web サイトは商用利用不可といった条件などもありますので、必ず使用条件を事前に確認しましょう。

　いまの時代は手軽に何でもインターネットで探すことができるのですが、自身でコンテンツをつくるクリエイターを目指すのであれば、他のクリエイターの権利も守るようにありたいものです。

第 6 章

継続して
表現し続ける

継続は力なり

　インターネットで情報発信をしていくにあたり、もっとも大事なことは何か。それは「継続」だと思っています。続けることは簡単そうに思えますし、実際、誰にでもできます。続けるだけでいいの？　そうです。続けるだけでいいんです。

　しかし、そういって、実際に継続し続けることができる人は多くはありません。皆さんも振り返ってみてください。定期的に続けている、習慣はあるでしょうか？

　もちろん「よし、やってみよう」と思わなければ、なかなか継続した習慣というのがないのももっともだと思いますが、振り返ってみると習慣づいているものがあまりない、というのもまた事実ではないかと思います。だからこそ、チャンスであるともいえます。継続はチャンスです。

　本章では記事のネタ探しから、振り返りの方法、さらにはネタに困ったときにどうしたらよいかなど、noteを継続していくにあたり大事なこと、必要なことを解説します。

　「noteは編集者である」という話を、noteの方からうかがったことがあります。noteは書き手を叱咤激励してくれる、noteは書き手にネタを提供してくれる、実はnoteにはそんな側面もあるそうです。まさに書き手に寄り添う編集者の機能を兼ね備えている、ともいえるのではないでしょうか。そうしたnoteの機能にも言及しています。

　気づいたら周りの人たちは減り、あなたがトッププランナーになっている可能性もありますよ？それが継続の力です！（コグレ）

57 記事のネタは どこにある？

定期的に書くか、書きたいことが出てくるまで待つか

できるだけ note を書きたいと思っているけれど、何を書いていいかわからなくて……という人も少なくないのではないでしょうか。実は個人的な考えとしては、

● 無理をしてでも更新頻度を高めたほうが、書くことに慣れる

● 書くことがないなら、無理して書かなくてもよい（書きたいことが出てくるまで待つ）

という、2つの相反する考え方がせめぎ合いをしています。

たとえば、note を仕事として考えるのであれば、定期的に書くことが望ましいでしょう。会社の業務として執筆する note であれ、個人が仕事に生かすために書く note であれ、です。個人が仕事のために書く note というのは、仲間とつながったり、仕事の幅を広げたりするといった意味合いのものです。

ライターや文筆家であったり、イラストレーターやマンガ家であったりするならば、プロモーションとして作品を note に定期的に掲載していくというのは、とても重要なことでもあります。そういう意味では、無理をしてでも note を書いたほうがよいと思うのです。仕事ですからね。

一方で、個人の楽しみとしての note であるならば、書きたいことが出てくるまで待つ、というのは、それはそれでとても正しいことだと思っています。

つまり、置かれた立場や環境によって、どの程度の頻度でnoteを書いたほうがよいか、ということが変わってきますので、ぜひ一度、そのあたりを再確認してみてください。

　そのうえで「定期的にnoteを書きたい」という人に向けて、どこにネタは転がっているのか、という話を書いてみたいと思います。

ニュースと体験がネタになる

　ぼくは2003年からブログを書いていますが、平均すると、毎日10記事程度を書いてきました（現在50,000記事以上ある）。どういうことを書いてきたかというと、インターネットで見つけて興味深かったことにコメントをつけて記事にする、自分で行った飲食店のことをレポート記事として書くなどをしてきました。

　大きく分けると、「日常生活の中のネタ」と「インターネットの中のネタ」として大別することができると思います。

　そして、この中でも種類を大きく2つに分けることができます。それが「ニュース」と「体験」です。ざっくりとカテゴライズするとこんな感じになります。

● 日常生活のニュース
● 日常生活の体験
● インターネットのニュース
● インターネットの体験

　さらに詳しくみていきましょう。

● 日常生活のニュース
　テレビやラジオ、新聞、雑誌などきっかけは何でもよいのです

次のページに続く

が、何かしら情報は目や耳から入ってくるものです。それに対して何か一言いいたくなったらチャンスです。そのことを note に書けばよいのです。最近、どうも○○に関してのニュースが多いけれど自分はこう考えている、ということを書きます。時事ネタでもよいですし、マーケティングを仕事にしている人であれば、マーケティングに関するネタでもよいでしょう。

● 日常生活の体験

日々暮らしているとさまざま人に出会ったり、さまざまなところに行ったり、さまざまな物を食べたりします。日常生活というのは、少し視点を変えると、実はネタの宝庫なのです。少しでも楽な満員電車の乗り方を日々実践していればネタになります。デパートでこれまで見たことのなかった文房具を見つけて調べてみるかもしれません。食べ放題のランチタイムに原価に思いをはせるかもしれませんよね。場合によっては「なぜなのだろう？」と、疑問のままで終われるのも、note のよさなのです（わかったら追記しましょう！）。

● インターネットのニュース

そんなにあちこち行かないし……という人は、インターネットのニュースを起点にしてもいいですよ。デスクトップから動かずに書く記事を「こたつ記事」と揶揄する場合もありますが、引用したニュース以上にしっかりと自分の考えや感想を書くことができれば、それは1つのコラムとして成立するはずです。

ここで1つのテクニックですが、効率よくニュースを仕入れるならば、Yahoo! JAPAN アプリのニュースや、Google アプリで表示されるニュース、さらにはスマートニュースのようなニュース専門アプリもおすすめです。人と違った情報を仕入れたいなら、RSS リーダーという、ちょっと専門的なアプリやサービスを利用

すると、ニュースの幅が広がります。

RSS リーダーというのは、自分の興味があるサイトの更新情報を効率よく読むためのツールです。スマートフォンのアプリストアで「RSS リーダー」と検索してみてください。もっと人と違った情報がほしい！　という人におすすめのツールです。

● **インターネットの体験**

インターネットでの体験だってネタになります。はじめて訪れた Web サイトの使い勝手のことを書いてもいいですし、マンガサイトや小説サイトで何かを読んだならば、その書評のようなものだって note のネタになります。スマートフォンアプリがこうだったらいいなという改善点だってネタですし、こういうアプリがあったらいいのに、だってネタなのです。

業界の「当たり前」もネタになる

どうでしょうか。自分の業界に照らし合わせてみると、「あ、これもネタだったの？」とか「これもネタになりそうだ」ということはたくさんあるはずです。特に「業界の中では当たり前」のことでも、部外者からすると「とても興味深い話」になることは少なくありません。そういったネタの棚卸しをするのも 1 つの手ですね。

つまり、とにかくいいたいのは、生きていればネタには困らない、ということなのです！

気になることがあったら写真を1枚撮っておくと、あとからnoteを書くときに役立ちます。メモにもなるしアイキャッチにもなります。

58

ページビューを確認して
人気記事をチェック

ページビューでわかること

note では詳細なアクセス解析はできませんが、単純なページ
ビュー数は知ることができます。画面右上のプロフィールアイコ
ンをクリックして［ダッシュボード］を開くと、［アクセス状況］
を見ることができます。ここに記事の一覧があり、全体ビュー数
（目のアイコン）、コメント数（吹き出しのアイコン）、［スキ］の
数（ハートのアイコン）がわかります。

全体ビュー数は記事
ページに加え、記事
がタイムラインなどの
一覧ページに表示され
た回数も加算される

［アクセス状況］で全体ビュー、コメント、［スキ］の数が確認できる

基本は全体ビュー数で並べられていますが、コメント数や［ス
キ］の数で並べ替えることが可能です。アクセス状況の期間を変
更することもできます。直近の状況を知りたければ週や月で、長
い間の状況を知りたければ年や全期間とすると、期間に応じたア
クセス状況が表示されます。

人気記事とはページビュー数だけではない

　人気記事とは、どんな記事のことでしょうか。単純に考えれば、ページビュー数が多いものが人気記事といって差し支えないでしょう。それだけ多く読まれているということですからね。

　しかし見方を変えれば、アクセス数はそれほどでもないけれど、コメント数が多いとか、［スキ］の数が半端ない……なんていう記事も出てくる可能性はあります。というか、出てくるはずです。

　これがどういうことかというと、［スキ］を押したというのは、読者の手間がかかっているということです。簡単に押せる［スキ］ですが、必ず押すというものでもないですよね。note を見た、そのうえでスキだと思った、という意思表示なのです。

　単純にページビュー数だけでは、賛否両論の賛否がわかりません。もしかしたら note は読まれたものの、共感されなかった、という可能性も考えられます。もちろん、賛否に関係なく、たくさん読まれるというのはすごいことなのですが。

　さらにコメントです。コメントを書くのがひと手間どころではないのは理解していただけると思います。コメントが多ければそれだけ強い共感を呼んだ、もしくは問題提起ができた、と考えることはできないでしょうか。

　ページビュー数も大事な数値ですが、もう一歩進んで［スキ］の数やコメント数もチェックできるようになると、幅広い人気記事というのはどういうものなのか、深く突き刺さる記事とはどういうものか、というのが見えてくるのではないでしょうか。

ページビューというのは一度、膨大なアクセスを獲得するとそれを超えたくなるのです。ライバルの自分を超えられますか？　超えますか？

59

人気記事の
続編を書く

　note は［ダッシュボード］の［アクセス状況］から、どのペー
ジが読まれたか、どのように読まれたか（［スキ］の数やコメン
トの数）がわかることは説明しました（58 節）。次に大事なのは、
その得られたデータ、情報を生かすことです。わかりやすいのは、
人気記事の続編を書く、ということでしょう。

人気記事の続編は難しい、を前提に

　それでは、どうやって人気記事の続編を書いたらよいでしょう
か？

　まず、［アクセス状況］からわかったことは、ページビュー数に
より「幅広く読まれる記事」がどういうものかわかりました。続
いて、［スキ］の数やコメント数で「深く刺さる記事」がわかりま
した。似ているようで少し違うのは 58 節で説明した通りです。

　もちろん広く読まれる記事でありながら深く刺さる記事も存在
します。いわゆる「バズる記事」というのは、それに該当するで
しょう。

　人気記事がわかったところで、続編にはどういった内容を書い
たらよいでしょうか。一口に続編といっても簡単ではありませ
ん。同じ話をもう一度、書けばよいのでしょうか。書いたところ
でもし人気が出なかったら……。さらに、二番煎じなんていうコ
メントを見てしまったら……というときのために最初に書いてし
まいますが、ヒット作の続編をつくるというのは、そもそも難し
いものです。映画で想像するとわかりやすいと思いますが、1 作

目がヒットしたら、たいてい続編が制作されます。もちろん中には「やっぱり面白い」となるものもありますが、当然のことながらコケてしまうことも多いのです。ですから、コケても大丈夫。安心して続編に取りかかってください。2匹目のドジョウがいたらラッキーですね！

　続編として考えられるのは、次のような内容です。

● 人気記事の補完的な内容
● 人気記事のスピンアウト的な内容
● 人気記事をひな型として、別の記事を書く
● 人気記事の裏話を書く
● 人気記事に寄せられた質問に答える
● 人気記事に書いた内容の事後報告をする

上級者向けのテクニックも

　もしも人気記事が事例紹介のようなものであれば、それを水平展開して他の事例を紹介することで、同じようなネタとして期待できます。

　場合によっては最初から続編を意識してすべてを出しきらずに……という方法もあるにはありますが、上級テクニックになってきますので、全力投球したほうが読まれる記事になるのではないかと思います。慣れてきたら、そういうテクニックを使ってみてもよいかもしれませんね。

そもそも人気記事が書けない、という人もいると思います。むしろそういう人のほうが多いかも。イチローでも打率3割です(後述します)。

第6章　継続して表現し続ける

60
時にはコンテストにも
チャレンジする

コンテストで腕試し

　記事を書いていると「頭からアイデアがあふれ出して止まらない！」というときもあれば、「うーん、何を書こうかな」と、キーボードのタイピングが止まるときもあったりしますよね。そういうときは、note が募集している「コンテスト」に参加してみてはどうでしょう？　「コンテスト」は、note と企業のタイアップ企画なので、優秀作品には賞金や賞品が用意されています。記事を書くだけでなく、もしかしたら賞ももらえるかも？

　現在募集されているコンテストの探し方ですが、note のトップページの［募集中］タブを見ると、上部に「コンテスト」が表示されています。どういった内容のものを募集しているか、文章なのか？　マンガなのか？　小説なのか？　それとも何でもいいのかなど、コンテストによって募集要項は変わってきますので、よく読んでから参加しましょう。

　参加すると、記事の一番下の部分に「このコンテストに参加している」ということがわかるバナーが自動でつきます。コンテストページから「みんなはどういう記事を書いているのかな？」と見にくる人も増えると思いますので、参加することでいつもより人の目にふれる可能性が高くなります。

　私はコンテストの審査員をやらせてもらった経験があります。たくさんの人がいろいろなアウトプットの方法を使って、1つのテーマについて書かれているという興味深さがあり、締め切りまでの間も楽しみで、応募作品をチェックしていました。コンテス

コンテストの募集ページ

トは賞ももらえるので、プロフィールに書くこともできます。プロのクリエイターへの一歩を踏み出せるかもしれません。積極的にチャレンジしてみることをおすすめします。

コンテストへの参加方法

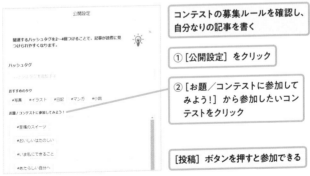

コンテストの募集ルールを確認し、自分なりの記事を書く

① [公開設定] をクリック

② [お題／コンテストに参加してみよう！] から参加したいコンテストをクリック

[投稿] ボタンを押すと参加できる

note投稿コンテストの受賞作品には、タイトル下部に受賞を示す「バッジ」が表示されます。ぜひ皆さんも参加してみてください！

61

ネタに困ったら
「お題」企画に参加する

チャレンジしない手はない

　前の節で紹介したコンテストの他に、note ではネタ探しにとっても便利な「お題」の募集をしています。note のトップページにある［募集中］タブをクリックすると、現在募集中の「お題」が表示されます。「お題」は、ユーザーがネタに困らず書けるように、note 側が定期的に提案しているもので、バラエティー豊かで書き手の想像力をくすぐるようなお題が多くあります。

● いままでのお題の例

令和元年にやりたいこと　# 平成をかざるプレイリスト　# 旅とわたし　# ファーストデートの思い出

　［募集中］のタブには、さらにたくさんのハッシュタグがあります。

> # 自己紹介　# 習慣にしていること　#note 感想文　# とは　# 私の仕事　# 熟成下書き　# お家時間を工夫で楽しく　# この街が好き　# イベントレポ　# はじめてのインターネット

　などなどたくさんのお題がわかりやすく並んでいて、よい作品はおすすめ記事としてピックアップされて紹介され、たくさんの

人に作品を見てもらえるチャンスになります。ぜひハッシュタグを活用してみてください。

お題に参加すると、記事の一番下の部分に「このお題に参加している」と、ひと目でわかるバナーが自動でつくシステムになっていて、まとめのページからの読者の流入も見込めます。

参加方法は、1つ前のコンテストと同じです。「お題」の募集ルールを確認し、自分なりの記事を書いてみましょう。書き終えたら、［公開設定］をクリックし、［お題／コンテストに参加してみよう！］の中から自分の参加したい「お題」を選び、クリック。［投稿］ボタンをクリックしたら、参加完了です。

意図せず「お題」を書いている場合も

「お題」に参加する前提で書いてはいなかったけれど、投稿しようと思ったら、その内容がお題と一緒だった、なんていう場合は、せっかくなのでお題に参加してみることをおすすめします。

「noteは編集者である」というnoteの中の人の言葉どおり、書くことに悩んだらnoteからのお題に頼ってみましょう。

62

定期的に
目標を見直す

書き続けるための「ネタフルメソッド」

ぼくは15年以上、ネタフルというブログを書いています。noteも並行して書いていますが、それぞれ自分の中で書き分けというか、すみ分けはなんとなくあります。ただ、どちらも何かを書く場所としての性質は変わらないと思っています。

そこで、ぼくがブログを書き続けるにあたって、自分の指針としてきたものを紹介したいと思います。それが「ネタフルメソッド」というものです。メソッドというとなんとなくかっこいいので、そう呼んでいます。つまりは、こういうことを考えながら、守りながら、ブログを書き続けてきたということです。

● ネ：ネガティブなことは書かない

昨今は炎上商法といいますか、あえて炎上するようなことを書く人も増えました。わざと炎上することで注目を集めることはできますが、何度も繰り返していると「炎上を狙う人」というイメージがついてしまいます。長く活動していくうえで、あまりよいことではないと思います。炎上すると精神的にもこたえますから、できるだけ炎上しないほうがいい。ましてや、誰かを傷つけることも本意ではありません。そこで、ネガティブなことは書かないようにしています。

● タ：楽しんで書く

これはもう説明する必要もないかと思いますが、書くことが苦行になってはいけません。楽しんで書かなければ、続けられるも

のも続きません。ですから、もしも書くのが大変になってきたら、なぜ大変になってきたのか、その理由がわかるならばそれを排除することはできるのか、といった検討をしています。書く時間が足りないと思えば、通勤時間の電車の中で書けるような工夫をするとよい、という話です。幸いなことに、ぼくはいまのところ楽しんで書くことを継続できています。

● フ：振り返る

アクセス解析などをして、書いてきた記事がどうだったか、ということを振り返るというものです。書きっぱなしは、やはりよくありません。反応を調べることができるのがインターネットのよさでもあるので、ぜひアクセス状況を調べるようにしましょう。それをもとに、次に書く記事のことを考えることもできます。

● ル：ルールを守る

つまりは、この「ネタフルメソッド」を念頭に置きながら書き続けている……ということです。いわばこれがルールです。マイルールと呼べるものをつくり、それを定期的に見返していく、そして修正し続ける、ということができるようになれば、note を書き続けるルーティンが完成したといってもいいかもしれません。

「メソッド」とかっこよく決めてみたのですが、実はあいうえお作文だったということにあとから気づきました。皆さんも、よければ「note を書くためのあいうえお」を考えてみてください！

インターネットで○○メソッドが流行ったことがあり、ネタフルメソッドをつくりました。メソッド化してみるのはおすすめです。

63

ポップアップで
記録に挑戦

ポップアップ機能が励みになる

　note を公開すると、必ず出合うものがあります。公開と同時に出てくるポップアップ機能です。

はじめて記事を投稿したときに出るポップアップ

　たとえば、毎日投稿し続けている人には、

- ●「○○日連続の投稿？　すごい！」
- ●「○○日連続の投稿？　すてきです！」
- ●「○○日連続の投稿？　note チームも驚いています！」

　など、バリエーションが本当に豊か。「明日は何ていってもらえるのかな？」と楽しみになって、毎日の note のネタ探しも楽しくなってきます。何かをつくることとか、書くことは 1 人でやる作業が多いと思うんです。いってしまえば孤独な世界。こうやっ

て画面越しにでも誰かにほめてもらえると、「毎日投稿したい！」「このポップアップを途切れさせたくない」というモチベーションにもつながりますね。

実際、このポップアップのおかげで毎日書くということが当たり前になっていって「いままではどんなサービスでも続かなかった」という人でも、1年近く書き続けているというお話を聞きました。やっぱり人間ですもの、ほめられるのってうれしいですよね。

私は最高記録が「75日間」でした。すっごく悔しいんですが、記録が途切れた理由は風邪です。高熱が出てしまい、気づいたら日付をまたいでいました。このポップアップは、公開してから24時間以内ではなく、0時にリセットされるようなので更新記録を狙いたい方はお気をつけて。

ちなみに、連続記録を更新することができなくてもポップアップは出てきます。しかも、それもとってもやさしかった。次に公開された際に出てきたポップアップはというと……「18週連続の投稿？　なんと！」でした。どこまでもユーザーのことを考えてくれている、ほっこりやさしいnoteらしい機能だと思いました。

ただし、このポップアップが出ることで「毎日続けないと！」「何でもいいから投稿しないと……」とプレッシャーになってしまっては、元も子もありませんから、第一に自分のペースで書くこと。そして、このポップアップが励みになる人は、ぜひ記録に挑戦してみてください！

 これまでにnoteで達成したことを一覧できるバッジページもあります。集めたバッジはダッシュボードで確認できます！

64 モチベーションを保つには

まずはインプットを大切に

せっかく note を書くなら、継続したほうがよいと思います。note の記事はあなたの名刺代わりにもなります。どういうことを考えているのか、どういうことに興味をもっているのか、それらをわかりやすく伝えるためのツールにもなりますので、自己PR としても使えますし、note そのものが仕事を運んできてくれる場合もあるでしょう。

そこで note を継続するために、さまざまなネタを探す方法を紹介しました (57 節)。note を継続して書くために重要なことは、インプットをすること、です。

note で継続してアウトプットを続けていくには、それを上回るインプットが必要になると思います。これは個人的な経験則でもありますが、何もないところからホイホイとアイデアは生まれてこないのですね。日々の継続的なインプットがあり、それが自分の中で消化され、組み合わされることで、新しいアイデア、考え方としてまとまっていきます。それをアウトプットします。

継続的にインプットを続けることができれば、自然と書きたいことが生まれてきます。というよりは「○○について書きたい！」というモチベーションが自然と湧き上がってくるはずなのです。

ブロガーかいわいでよく聞かれるのが「イチローでも 3 割」という話です。あのイチローですら、打率は 3 割です。つまり、10 本書いて話題になるのが 3 本だったとしても、イチロー並みにヒットを飛ばしている！

やっぱり健康第一

あとは「そんなこと?」と思われるかもしれませんが、健康はとても大事だな、と感じます。長年ブログを書いていると、さまざまな時間帯にさまざまな健康状態で執筆しており、それはもう複雑な組み合わせなのですが、もっとも執筆の効率がよいのは、元気な状態で早起きしているときなのです。とにかく筆が進みます。

当然のことながら、寝不足もよくないですよね。体調にも気を配りながら、早寝早起きした状態がベストです。朝の静かな時間に、部屋に響き渡るキーボードをタイプする音。不思議と余計なBGMもなく、ゾーンへと入っていきます。

また「狙って書いたつもりはないのにバズってしまった」というのも、よく聞く話でもあります。バズることを狙って書ける人は、本当に一握りだと思います。ほとんどの人は、バズを体験することはないかもしれません。だからといってバズる必要はない、ということをいいたいのではないのです。必要以上にウケを意識する必要はないのでは、ということをいいたいのです。

継続するモチベーションをどう保つかという話に戻りますが、確実で手っ取り早いのは、とにかくインプットを続ける、ということです。ネタの収集方法は57節も参考にしていただくとして、インプットをたくさん、インプット過多ともいえる状態を継続していれば、それをアウトプットする場がほしくなります。自然と書きたくなりますから、安心してください。まずは、インプットです。

モチベーションが上がらないときはいっそのこと休んでしまうのもよいです! おいしいものでも食べてリフレッシュしましょう。

65 自分の写真を宣伝する

　note の見出し画像、「用意できない」という人も少なくないはずです。そんなときに役立つのが［みんなのフォトギャラリー］です。これは、note ユーザーが無料で提供する画像を、自分の記事の見出し画像に使用できる機能のこと。この機能は、使う側だけが得をしていそうに感じますが、実はそんなことはないんです。

［みんなのフォトギャラリー］

［みんなのフォトギャラリー］へのアップの方法

　トップページ画面右上のプロフィールアイコンをクリックして、［画像］→［過去に note にアップロードした画像］が表示されます。

これまで note にアップロードした画像が表示される

この中で、著作権が自分に帰属するもので「皆さんにも使ってほしい！」という写真があった場合、画像をクリックします。そして［みんなのフォトギャラリーに追加］にチェックを入れます。

　その写真から想起するイメージをキーワードに打ち込み、画像の説明も書いておくといいですね。最後に、「この画像の著作権は私自身に帰属します。」にチェックマークをつけて完了。これで、［みんなのフォトギャラリー］に追加されます。もし誰かが、自分の写真を使ってくれたときは、お知らせがきます。

　また、使われた写真にはその写真の下に「Photo by matsuyou」などとアカウント名が表示され、そこをクリックすると、その人のnoteにリンクされます。写真やイラストの作成が好きな人は、どんどん自分の作品をギャラリーに提供して自分の作品を知ってもらえば、仕事につながる可能性を秘めていると思います。使用者の記事の内容を読んで使ってほしくないな、と思った場合は、使用停止することも可能です。

誰かが自分の写真を使ってくれると、画像右下にクレジットが入る

私は［みんなのフォトギャラリー］に追加する際に、「まつゆう」と名前のキーワードを入れています。名前ですぐに検索してもらえます。

66 読者に「ありがとう」を伝える

誰でもクリックできる［スキ］ボタン

　［スキ］ボタンをクリックしてもらうと、とってもハッピーな気持ちになりませんか？　note はアカウントをもっていなくても［スキ］ボタンをクリックすることができる仕様になっています。

［スキ］をしてくれた人にリアクションメッセージを送る

　そして、［スキ］を押してもらったクリエイターも読者にお礼のリアクションメッセージを設定することができます。このリアクションメッセージは、読者が［スキ］をクリックするたびにランダムに表示され、最大 10 個まで設定することができます。

［♥］（スキ）ボタンをクリックすると、リアクションメッセージが表示される

　私は、このリアクションメッセージを読者とのコミュニケー

ションととらえていて、必ず 10 個すべて違うものを設定しています。例を 4 つご紹介します。

- **ありがとうございます♬とっても励みになります！**
- **大切なお時間を割いてお読み頂きありがとうございました♬感謝！**
- **"スキ"ありがとうございます。令和元年もよろしくお願いします！**
- **感謝！暑いと寒い日が混ざっていますがお身体にお気をつけて☆**

　一般的なものや、時事ネタを使ったもの、季節感のあるものなど 1 か月に一度くらいリアクションを見直して、［スキ］をクリックしてくださる人が「いつ何に変わるんだろう？」と楽しみにしてくれるといいな、と思ってこっそりやっています。

いろいろなリアクションにお礼のメッセージを送ろう

　［スキ］のお礼メッセージ以外に、note では「フォロー」「マガジン追加」「シェア」時にもお礼のメッセージを最大 10 個まで設定することができます。アクションを起こしてくれているということは、記事を気に入ってくれているということ。ぜひ、お礼のメッセージを登録しておきましょう。

　また「記事購入時」「サポート」「マガジン購入、購買」のようにお金が発生するものに関しては、140 文字以内のメッセージを 5 つまで登録することが可能です。

　「ありがとう」の気持ちを込めて、渾身のメッセージを数個登録するもよし。すべて登録するもよし。リアクションしてくださっ

次のページに続く ▶

た読者に伝えたい感謝のメッセージを思う存分ここに書いてください。

　私は［スキ］のリアクションメッセージと同じく、すべてのアクションに対して「ありがとう」の気持ちを伝えることが重要だと感じていて、すべて違うものを設定しています。「フォローのお礼」の例を４つご紹介します。

●フォローありがとうございます！とても嬉しいです。
●はじめまして！フォローありがとうございます♫
●フォローありがとうございます！いい一日になりますように☆
●フォローありがとうございます！暑い日が続きますががんばりましょう♫

　こちらも季節ネタなどを織り交ぜてたまに変更しています。読者との距離も縮まるチャンスです。心あたたまるメッセージを登録しておきましょう。

リアクションメッセージを設定する

①[アカウント設定]の
画面を表示しておく

②[リアクション]の[スキのお礼メッセージ]の
右にある[設定する]をクリック

[フォローのお礼メッセージ]を選ぶと、フォローして
くれた人へのリアクションメッセージが追加できる

リアクションメッセージが
追加できるようになった

③メッセージを
入力

④[保存]を
クリック

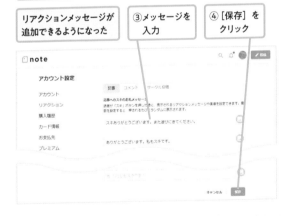

一番最初に[スキ]をクリックした人には、メッセージとプラスで「スキ一番乗り！」と表示されます。読者側からするとうれしいですね。

67

記事を買ってくれた人に
お礼メッセージを送る

直接会えないからこそ「お礼」を送りたい

66節でも紹介しましたが、記事やマガジンを購入してくれた人にお礼のメッセージを追加することができます。最大5個まで、140文字以内で追加可能です。登録の方法は［スキ］や「フォロー」と同じく［アカウント設定］から行います。このメッセージは、あらかじめ設定していたものがランダムで出ますので、少し味気なく感じるかもしれません。実は、購入してくださった読者1人ひとりに個別のメッセージを送ることができるんです！

［ダッシュボード］の［販売履歴］には1人ひとり名前が表示されていて、一括メールではなく、きちんとその人へメッセージを送ることができます。note公式アカウントでは、

> 「売上の多いクリエイターのうち実に半数以上、54%のかたがお礼のメッセージをご活用くださっています。」

と発表されていました。やはり、記事を購入して楽しんで読んで、さらにクリエイターさんから直接お礼が届いたら、そのあとも応援したくなっちゃいます。

個別のメッセージを送る

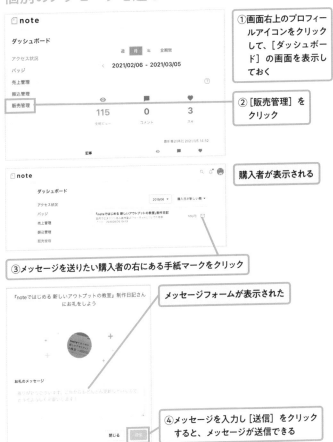

① 画面右上のプロフィールアイコンをクリックして、[ダッシュボード]の画面を表示しておく

② [販売管理]をクリック

購入者が表示される

③ メッセージを送りたい購入者の右にある手紙マークをクリック

メッセージフォームが表示された

④ メッセージを入力し[送信]をクリックすると、メッセージが送信できる

誠実に、自分の気持ちをきちんと込めてお礼のメッセージを送りましょう。きっとあなたの気持ちは読者に届くはずです。

68

仲間を見つけて
刺激し合う

　仲間がいるって素晴らしいことだと思います。創作活動は1人きりでやることが多いものだと思いますが、だからこそ、同好の士というか、同じ目標をもっている仲間がいると、とても心強いものです。長くインターネットで活動してきた中で、ぼく自身が仲間に助けられた、仲間に励まされたということが多々あるので、仲間を見つけることの重要さは痛感しています。

気になる人には連絡してみよう

　noteを読んでいて気になる人がいれば、コメント欄に何かを書き残して交流をスタートするという方法があります。または気になるnoteへリンクを張り、そのnoteを紹介しつつ自分の考えをnoteに表現するという方法もあるでしょう。相手も気づいてくれて、そこから交流がはじまることは十分にありえます。

　いまの時代は、交流といえばTwitterがありますから、気になるnoteクリエイターがいればどんどんフォローしていきましょう。そして気になるツイートがあればメンションし、徐々に交流を深めていきます。noteの気になる一節をTwitterやFacebookでシェアすることもできます。お互いにTwitterで言及したり、noteで言及したり、少しずつ交流は深まっていくはずです。

　一緒にイベントを企画したり、もしかしたらコミケに出展したりするという話にもつながっていくかも？

　そのようにして、自分1人ではたどり着けなかった境地に、どんどん至っていくことができるかもしれません。

1人ではできないことも仲間がいればできるようになる

　自分の話になってしまい恐縮ですが、ブロガーを7人集めて「ONEDARI BOYS」というグループをつくったことがあります。企業に製品やサービスを「おねだり」して、それに関するレビューを書くという活動です。1人では試せなかったような商品やサービスを試すことができましたし、ブロガーが企業から商品をもらうといった先駆けとなる事例を生み出すことができました。

　最近では「オジ旅」というグループブログも運営しています。これはブロガーに限らず、ライターや普通の会社員などさまざまな人たちがいるのですが、呑むのと食べるのが大好きな人たちがそろいのツナギを着て、一緒に旅をし、それをブログにつづっていくという活動です。大企業からPR案件をいただくくらいにもなり、これまた恐らく自分のブログの活動だけでは見られなかった世界だな、と思っています。

　1人だと先が見えなくてくじけそうなこともあります。広がりが見えなくなり、歩き続けることができなくなるときがあります。でも仲間がいれば刺激をもらえます。新しいことをつくり出すこともできる可能性が広がります。

　ですから、noteやTwitterを通じて、同じことを考えている、同じ方向を目指しているという仲間を増やしていくのは、とても素晴らしいことなのではないかと思っています。

若いときは情報発信していても、年をとると家庭や仕事が優先になり、SNSに投稿する人が減ってきます。若いときの仲間は大事ですよ。

Q お気に入りの投稿を見逃さない方法ってあるの？

A フォロー機能に加えて、RSSリーダーも使いましょう

noteにはフォロー機能があります。お気に入りのクリエイターを登録しておけば、自分のホームに更新情報が表示されるようになります。しかし、フォローの数が多くなると、更新情報を見逃す心配があるという人もいるはずです。大好きなクリエイターの更新情報を見逃さずに、確実に読むにはどうしたらよいでしょうか？

RSSリーダーというアプリを利用する方法があります。noteは記事の更新情報をRSSフィードとして配信しています。RSSフィードというのは、記事の更新情報を配信する仕組みです。はじめて聞いたという人が少なくないと思いますが、noteでもクリエイターごとにRSSフィードが配信されていますので、見逃さないためにも、これを利用します。

たとえば本書の公式アカウントでは「https://note.com/note826/rss」がRSSフィードとなります。これはクリエイターのトップページにある 📶 からリンクされていますので、これをコピーし、RSSリーダーに登録することで、確実に更新情報を知ることができるようになります。

第 7 章
先輩クリエイターに聞く
アウトプットの極意

先輩たちに聞いてみよう

　百聞は一見にしかず、です。

　ここまでたっぷりと note の解説を書いてきて
いうのもなんなのですが、具体的な事例ほど雄弁
にサービスのことを語ってくれるものはありませ
ん。機能のマニュアルは１つなんです。ソフトの
使い方ですから。でも、note の使い方は、クリ
エイターの数だけあるといっても過言ではありま
せん。何度も繰り返しになりますが、何もない
note ＝ノートをどう使うかは、あなたの自由だ
から、です！

　どんな note を書いたらいいんだろう。どんな
マガジンをつくったらいいんだろう。イラストを
投稿したいんだけど。有料マガジンをはじめてみ
たいんだけど……。

　noteの使い方、書き方、投稿の仕方がわかったら、次はそんな疑問がむくむくと湧き上がってくるのではないでしょうか。早くnoteを投稿してみたい！　ここでは、皆さんがnoteを使いはじめるとき、活用しようと考えているときに頭に思い浮かべるであろう疑問に答えてくださる、noteクリエイターの先輩たちにインタビューしています。なんと4人も。これ以上、心強いことはありません。

　職種もさまざまなnoteクリエイターの先輩たちの話を、ぜひあなたのnoteライフに役立ててください！（コグレ）

69

読者のスキとコメントが、
「居場所」へと導いてくれる

**研究者でありブロガーという2つの顔をもつ、堀正岳さん。さまざま
なメディアを使ってアウトプットする裏側には堀さん流の流儀があっ
た。その流儀とは。**

note は「周囲にコミュニティーが生まれる場」と確信

私は新しい情報発信の仕組みには何でも興味をもつタイプなの
ですが、note が登場したときには特に興奮しました。

というのも、note はブログのように Web の中に島のように孤
立しているのではなく、SNS と地続きで大勢のユーザーが集ま
る市場のように賑わっている場所だったからです。有料記事やマ
ガジン、音声記事といった先進的な機能もさることながら、居心
地のよい場所としてデザインされているのも魅力的でした。

コンテンツに人を集めようとやっきになるのとは逆で、note
はコンテンツの周囲にコミュニティーが生まれる場所に違いな
い！　そう確信して、リリース直後から利用をはじめました。

読者と自然につながれる

note で記事を書くと、すぐに読者から「スキ」をいただいた
り、コメントをいただけたりします。かつてはブログでもそうし
たやりとりがあったのですが、いまではスパムの蔓延によって読
者の反応はブログそのものではなく、SNS で探すのが普通になっ
てしまいました。これは、読者との距離が広がったようで寂しい
状況でした。

Masatake E. Hori (@mehori)

　noteではそんな読者とのつながりが自然な形で実現していることに、私は感動し続けています。誰が「スキ」してくれたのだろう？　誰がコメントしてくれるのだろう？　というワクワクする感覚は、PVのような味気ない数字では得られない、インターネットでコンテンツをつくるやりがいにつながるのです。

定期購読マガジンを発行

　私はnoteでブログや著書を通して自分を知ってくださった人向けに、定期購読マガジン『ライフハック・ジャーナル』を発行しています（刊行当時）。

　ブログには書かない自分の日常や執筆の舞台裏を、記事やマイクに吹き込んだ音声コンテンツといった形で、手紙のような親密さで届けるようにしています。

　ブログは誰が読むかわかりませんので、とても注意深く書きます。逆に、noteの定期購読マガジンを読んでいる少数の人は私のことをよく知っている、なじみの人たちばかりです。そうした大切な人々に一番シェアしたいと思っている話題を書き込む場所として、noteは最適なのです。

次のページに続く

また、定期購読マガジンの収益によってブログに広告を設置する必要がなくなるため、多くの読者に快適に読んでいただけるというWin-Winの関係をつくるのにもnoteは一役買っています。

1段落目で何を書いているのか明らかにする

noteではちょっと長めのツイートを書いているような、読者との距離感が近いことを意識した書き方を心がけています。最初の1段落で何について書いているのかを明らかにすることで、続きを読む必要があるか、有料記事なら購入する意味があるかを、読者がすばやく判断できるようにも注意しています。

無料記事と有料記事とを差別化するために、よく「もっと価値のある記事を有料に」としている人がいますが、私は、これは逆効果だと思っています。普段から無料でも魅力ある記事を書き、あなたに親しみを覚えた人がくつろげる場所として有料記事や定期購読マガジンをそっと提供するほうが、長い目で見てゆるやかにファンも増えてゆくはずです。

情報のハブとしての note

Web上でコンテンツをつくる場合、ブログはブログだけ、YouTubeで活動する人はYouTubeだけといったように、メディアごとに分裂してゆく傾向があります。

ニューメディアが大好きな私は、ブログも、動画も、音声メディ

アも気ままにつくっていますが、それらを分裂したままにせず、結びつける場所として note に注目しています。ここを見れば私のすべての活動がわかるという、情報のハブとして文字も、音声も、動画リンクも、写真も扱える note は手軽です。また、SEO も効いていますので、細かい情報でも発見してもらいやすいというメリットも見逃せません。

クリエイターとして大切なこと

　数字はいったん忘れましょう。アクセスされた数、「スキ」をもらった数、フォローしてもらえた数、連続で投稿できた数といったように、上を目指せばきりのない数字から自分を解き放ってみてください。

　最初は何を投稿すればいいのかわからないかもしれませんが、今日読んだ本の感想や、ちょっと気になった話題、誰も知らなそうな豆知識や、たわむれに描いてみたマンガといったように、あなたにしか投稿できないものを少しずつ積み上げていきましょう。

　そうするうちに、何を投稿すれば楽しく継続できるのかという「居場所」のようなものが見えてくるはずです。読者のスキとコメントが、あなたをそこまで導いてくれることでしょう。

　「何をすればウケるだろうか」という苦しい世界を脱出して、「今日は何を生み出そう」という楽しい世界がはじまります！

堀 正岳（ほり まさたけ）
ブロガー・研究者。北極における気候変動の研究をするかたわら、ライフハック、IT、知的生活をテーマにしたブログ「Lifehacking.jp」を運営。仕事術からソーシャルメディアに関連した著書多数。代表作に『ライフハック大全———人生と仕事を変える小さな習慣 250』『知的生活の設計———「10 年後の自分」を支える83 の戦略』（ともに KADOKAWA）など。理学博士。
https://note.com/mehori

70 たくさん発表して 自分の可能性を試そう

渋谷のバー店主であり、小説の執筆、Web や雑誌の連載など、作家としても活躍する林伸次さん。毎日執筆し続けるその原動力に迫る。

note をはじめたきっかけ

　note のローンチの前の日にピースオブケイク（現・note）の加藤貞顕さんが、bar bossa に飲みにきて、「すごいのがはじまりますからね。それを利用すれば林さんもちゃんとお金が入ってくるの、考えてますから」というので、「何のことだろう？」と思っていたら、次の日に発表で「なるほど、これか」と思って、まずアカウントをつくりました。でも、どうやらこれは「創作の場」なんだなと思ったので、最初は「超短編小説」をたまにアップしていました。

　その当時、Facebook で毎日、記事をアップしていたのですが、コメント欄に悪意のあるコメントを残す人が増えはじめて、これは引っ越ししようと思って、note のほうで毎日コラムをアップすることにしました。それが今でもずっと続いています。

念願の小説を出版

　ぼくは「小説を出したい」と 20 代の頃からずっと思っていまして、長いのを書きはじめては途中で断念するというのを何度も繰り返してきたんです。それで、「とりあえず短いのを毎週、書いてみよう」と思い、note で「金曜日は小説を書く日」と決めてしまって、金曜日に超短編小説をアップしました。

そんな小説、やっぱり「恋愛もの」の評判がよいので、しばらく恋愛ものばかり書きためて、「スキ」が多いのから選んで、それを全部つなげて、長い小説にしたのを加藤貞顕さんと幻冬舎の竹村優子さんに編集してもらって、念願のぼくの小説『恋はいつもなにげなく始まってなにげなく終わる。』（幻冬舎）が刊行されました。さらにその刊行記念で、noteで「ファーストデートの思い出」というエッセイを募集するという「ハッシュタグ企画」も企画していただきました。

定額制マガジンを活用

ぼくが書くコラム、別にひどいことは書いていないし、みんな楽しく読んでくれているはずなのですが、やっぱり変な人や悪意のある人から、Twitterとかで変なコメントがメンションで飛んでくるんですね。たとえば、「天気がいいなあ」って書いたら、「雨が降らなくて困っている農家の方のことも考えてください」というようなタイプのものとか、あるいは「男性の話」を書いたら、「女性もそうです」って感じで必ずいってくる人がいるんです。それで嫌になってしまって、「有料」にしました。定額制マガジンで、1か月毎日更新で300円です。1本10円です。現在、1,000人くらいに購読していただいています。

次のページに続く ▶

マガジンではリアルな話や恋愛の悩み相談も

　その定額制マガジンですが、購読してくれている人たちが本当にいろんな方がいまして、女子高生もいるし、60代の方もいるし、海外在住の方もいるし、メディアやお医者さんや研究者と、ほんといろいろなんです。だから、「できるだけみんなが面白いと感じるもの」を意識して毎日書いています。

　ぼくは渋谷でバーを経営していて、実際にお店に毎日立って、酔っぱらったお客様を接客しています。そういうバーテンダーならではのお話や、変わっていく渋谷の街のことといった「インターネットでは入手できないリアルな話」を選んでいます。

　あと、「質問」も受けています。別に「恋愛限定」にはしていないのですが、「恋愛の悩み相談」がすごく多いです。多分それを読むのが楽しみな人も一定数いそうです。

すごくよい小説を発表したい

　今年でぼく、52歳なのですが、すごくよい小説を2、3冊は発表してから死にたいなと思っているんですね。「金曜日には必ず小説を発表する」と決めているので、毎週、締め切りがきていろんな小説を書きためています。よいのもあればダメなのもあるのですが、それはそれでよいかなと思っています。

　とりあえず「発表する」っていうのが note のよいところなので、とりあえず書いています。またそれがいつか「よい小説」になって出版されればと思います。

　あと、定額制マガジンをずっと続けていきたいです。これが3,000人とか5,000人とかになれば、生活が楽になるなあと思っています。これは note に加入者がどんどん増えていけば、可能かなあと期待しております。

クリエイターになるには

　ぼくのように、「毎日必ずアップする」というのをおすすめします。ある実験がありまして。数十人を2つのグループに分けて、1つのグループには「たった1つだけ最高の質の作品」をつくらせて、もう1つのグループには「質は問わないからできるだけたくさんの作品」をつくらせたそうなんです。そしたら結果は「たくさん作品をつくったグループ」のほうが「より質のよい作品」をつくったそうです。

　たくさんつくると自分のいろんな可能性を試すことができるから、駄作がたくさんあっても、たまに「すごくよい作品」が生まれるんです。できるだけ、たくさんつくるのをおすすめします。毎日だとなおさらよいですよ。お互いがんばりましょう！

林 伸次（はやし しんじ）
渋谷のワインバー「bar bossa（バールボッサ）」店主。男女の人間模様を描いたエッセイが人気で、Oggi や LEON、cakes などで連載中。近著にエッセイ集『ワイングラスのむこう側』（KADOKAWA）や恋愛小説『恋はいつもなにげなく始まってなにげなく終わる。』（幻冬舎）など。
https://note.com/bar_bossa

71

創り続けるのみ

音楽はもちろん、文章や写真、動画など多面的にアウトプットを続けるミュージシャンの高野寛さん。note でアウトプットを続けていま、思うこととは。

note の魅力

　note がローンチした 7 年前には、自作曲を瞬時に配信販売できる日本語プラットフォームはまだ珍しかったので、その機能を使いたくて早速試してみました。音楽配信ではフォローしきれない歌詞やクレジット、ライナーノーツをコンテンツに含めることができるのも魅力でした。

　以前から写真を撮るのもテキストを書くのも好きだったので、note では画像・テキスト・動画など多面的にアウトプットしていきました。この 7 年間で書いたり撮ったり作ったものが、いまは大量にストックされています。note 全体が創作ノートになっていますね（笑）。

「隙間」を生かす使い方

　自分が好きだった歌の中には、一度聴いただけでは意味のわからない歌詞や、筋道は通っていないのになぜか心に刺さる作品がたくさんあります。そんな表現にあこがれて作詞作曲をはじめたぼくは、「行間に思いを込める」表現、

つまり「テキストだけで語らない表現」がベースにあります。

　歌詞は文と違ってすべてを言葉で描くのではなく、聴き手の想像力をふくらませるための余地を「詞」に残しておく必要があります。そんな、テキストとしては隙間の多い言葉の羅列がリズムやメロディーにのることで、音楽としての表現が完結するのです。

　ぼく自身の note の使い方は、そんな「隙間」を生かすために、時に語りすぎないように気を配りながら、テキスト以外の要素も散りばめて構成されています……というと聞こえがいいですが、単純に長文を書き続けるのがしんどいときもあるので（笑）、そんなときは写真や音に補完してもらう感じです。

note で音楽作品やエッセイを発表

　2016 年には継続して note で新曲を配信し続け、2017 年 10 月にはそこからセレクトした曲を CD「Everything is Good」として発売しました（現在は各種サブスクでも配信中）。作曲は孤独な作業ですが、リスナーからのダイレクトな反応がもらえたのは、モチベーションにつながりました。

　2018 年〜 2019 年にかけては、デビューからの 30 年を振り返るエッセイ『ずっと、音だけを追いかけてきた』を連載しました（現在も有料記事・マガジンとして販売中）。テキスト・写真・動画・音声の相乗効果で時代感が伝わりやすく、Web ならでは、note ならではの内容になったと自負しています。

2020 年を振り返って

　2020 年はコロナ禍に見舞われ、ミュージシャンも活動の場を大きく制限されました。相次ぐライブの自粛を受けて、2 月 26 日に書いた「音楽ファンの皆さんに」という記事がきっかけで声

次のページに続く ▶

をかけていただいて、まだ配信がそれほど広まっていなかった3月下旬に、いち早く「新生音楽（シンライブ）」という配信ライブの企画の立ち上げに参加することになったのは、note からつながった大きな縁でした。

note には今まで接点のなかった方に自分のことを知ってもらえる可能性があります。自分を知らない方に向けて、間口の広いテーマの長文（作品）を何点か無料公開しておくのは必須だと思います。

有料と無料のバランスは悩ましいですが、ぼくの場合は note を通じて自分の（音楽以外も含めた）活動を知ってもらいたいので、大半を無料で公開しています。

客観的視線で記事を読み直す

「高野寛の note」も7年目に入って、コンテンツが膨大な量になってきました。先日、新しいフォロワーにも楽しんでもらえるように過去の関連記事を整理して、どこから入っても楽しんでもらえるように全体の構造をリフォームしたところです。

そのとき発見した Tips ですが、特定のマガジンを自分のクリエイターページの上位に表示させたいときは、そのマガジンを一度非公開にして公開に戻すと、最後にその操作をしたマガジンが最上位に表示されるみたいです（2021年3月現在の仕様）。もちろんマガジン内に新しい記事を追加すれば、そのマガジンが一番上に表示されます。

書き終えたら、何日か経ってから記事に目を通して細かく修正を入れています。パソコンで書いた記事を携帯で読み直して改行を修正することもよくありますね。自分が訪問者の視線に立って、気持ちよく読めるかどうかを確かめる客観的視線は大事です。

2020年は、コロナ禍真っただ中の3月1日から毎日欠かさず散歩しながら写真を撮って、noteに日記を書いていました。単調な日々にリズムが生まれて、活動も発信でき、特に春〜初夏の自粛期間中にはずいぶん救われました。

毎日続けるためのマイルール

毎日続けるうえで、2つルールを決めました。グチやネガティブなことを書かないこと、飽きたらやめること。

結局12月末まで飽きずに書き続けることができました。毎日続けることで、写真の撮り方や文を書く速さも、我ながらかなり上達したと感じています。人生、いくつになっても伸びしろはあるんだなあ、と（笑）。見慣れたはずの近所の道に新しい花を見つけたり、観察することや視点を変えることの訓練になっていたと思います。そして、何より創作に没頭している時間には、暗いニュースを忘れられるのでした。

単純に「創ることが楽しい」と感じられたら、それが一番。ぼくはこれからも、気まぐれに創っては、noteに書き加えていこうと思います。

高野 寛（たかの ひろし）
note歴7年目のミュージシャン。2019年10月までの1年間はデビュー30周年アニバーサリー。30年を振り返る自伝的エッセイ「ずっと、音だけを追いかけてきた」好評連載中。
https://note.com/takano_hiroshi

72

「創作」とは、日々の暮らしを豊かにするすべて

noteのミッション「だれもが創作をはじめ、続けられるようにする」を体現するために、「中の人」は日々、どんなことに向き合っているのか。noteディレクター・平野太一さんに聞いた。

企画編集と仕組み化

noteディレクターは、「だれもが創作をはじめ、続けられるようにする」というnoteのミッションを体現するために仕事をしています。そのためにぼくたちがやっていることは、大きく分けて「企画編集」と「仕組み化」です。

「企画編集」とは、クリエイターがnoteでの創作活動をきっかけに次のステップに進むためのサポートのこと。目的に合ったnote活用の提案や、イベントの企画運営、出版社やテレビ局などのメディア連携など、note内外でのクリエイターの価値を最大化させるためにできることを考えます。

一方、ぼくが中心となって進めている「仕組み化」は、だれもが創作を続けられるように学べる教材を提供すること。はじめてのクリエイターでもスムーズに使えるように、勉強会の開催や使い方動画の制作、ヘルプページの充実化を進めています。他にも、新機能が追加される際には、その使い方をわ

かりやすく届ける記事を書くことも仕事の1つ。仕事の幅はかなり広いです。

これまでで印象的な出来事は

noteディレクターがクリエイターに対して編集者のような立ち位置でサポートをすることで、noteが求める読者に読まれ、その結果、そのクリエイターが目指す形に近づいた事例をたくさん見てきました。たとえば、ぼくは自炊料理家・山口祐加さんの初の著書が出版されるまでをお手伝いしました。料理ができない自分が「料理ができるようになるまでの過程をコンテンツにしたらどうか」と提案し、noteで共同運営マガジンをつくり、連載をはじめました。同じ悩みを抱えている方も多かったようで、1年ほど経った頃に書籍化が決まりました。その後、「自炊する人を増やす」という方向性が明確になり、すでにさまざまな媒体で仕事をしています。

いま注目の「note pro」とは

noteは法人個人問わず、無料でアカウントをつくることができますが、法人がnoteで情報発信をするうえでより使いやすい機能をそろえたサービスがnote proです。独自ドメインでnoteの街の中にメディアをつくることができたり、自社のロゴに変更したり、オリジナルのメニュー設定ができたり。利用法人のコミュニティーもあり、定期的にミートアップも開催しているため、法人同士のコラボ企画などのシナジーが生まれています。

「ブランディング」「リクルーティング」「ファンコミュニティーづくり」「サブスクリプション」などnote proの利用目的は法人によってさまざまです。企業だけでなく、文化施設や教育機関、

次のページに続く

行政機関の利用も増え、まさに note が街のようになってきていると感じます。

私の note マイルール

1　なぜこの記事が大事かをすぐ伝える

この記事で伝えたいことは何なのか、誰に向けて書いたものなのか、冒頭で結論を伝えてしまいます。結論だけ読んだあと離脱されてもいいように。

2　パッと理解できることを優先

文章は理解してもらうためのツールだとするならば、図解だってスクリーンショットだってイラストだっていいはず。そして、自分が理解していない言葉は使わずに説明します。

3　情報の流れに優先順位をつける

Web 記事の場合は上から下に読んでいきます。だから、優先順位が高いものから順に並べていきます。記事を書くときには、必ず構成案からつくります。

ディレクターが見る note の未来

購買、仕事、コミュニケーション。人間のさまざまな活動がインターネットにのっていくと、人々にはインターネット上の住所となるような本拠地が必要になります。note はそこを担って全世界の人が note のアカウントを持っている状態、創作のインフラになっていきたいです。

さまざまなジャンルのクリエイターに note を使っていただけるように機能開発を進めるとともに、note を使うクリエイターの影響力を最大化できるように note ディレクターがクリエイターの創作活動を後押ししていきます。

これから note をはじめる人へ

noteが考える「創作」とは、日々の暮らしを豊かにするすべて。理想の家具のDIY、いつもの料理のひと工夫、誰かの記事にコメントすることも、創作の1つです。

何か記事を書かなきゃと焦る必要はありません。何を書けばいいかわからないという人は、まずは、素敵な記事を見つけたときにSNSでシェアしたりコメントしたりしてみてください。そして、形にしたいアイデアが浮かんできたら、そのときに記事を書いてみるのはどうでしょうか。公開する前は怖いかもしれません。でも、記事を公開してから見える景色はこれまでと変わって見えるはずです。

平野太一（ひらの たいち）
2018年10月よりnoteディレクターとして入社。クリエイターのサポートはもちろん、"誰もが創作をはじめる"ためのマニュアルや使い方動画の作成や、"続けられるようにする"ための企画立案、noteのカイゼンを届ける告知作成など、noteクリエイターの影響力を最大化することが仕事。
https://note.com/yriica

Q note を続けるのが苦しくなったら、どうしたらいいの？

A 自分が見つけるとうれしくなるネタを書きましょう

アクセスが増えない、フォロワーが増えない、有料記事やマガジンを購入してもらえないなど、さまざまな理由で note をあきらめたくなるときがあります。

そんなときは、目的と、書くときのモチベーションを少しだけずらしてみましょう。フォロワーが増えるのを期待して書くのではなく、自分が見つけるとうれしくなるネタを、自分で自分のフォロワーになったつもりで書くのです。

有料記事も、お金を稼ぎたいと思って書いているとうまくいきません。私は自分の定期購読マガジンをあえて小額にして、濃いラブレターを書くつもりで続けています。これも自分で自分を「推し」と見立てて、推しの人ならどんなふうに私を喜ばせてくれるだろうかと考えるのです。すると、結果はあとからついてきます。

アクセスが増えなくて心が折れそうなときは、本書を読み返して利用していない機能や他のユーザーとのやりとりを避けてないかチェックしてみましょう。広いインターネットの中で、あなたの言葉を待っている人は必ずいるはずです。あとはそれを届けるだけです！

（特別寄稿：堀正岳）

第 8 章

note proで
企業の情報発信を
する

法人向けの機能が魅力

　プラットフォームとして確立された note で
は、個人だけでなく企業による利用も増えていま
す。人が集まれば注目も高まりますし、SEO 効
果も期待できるため、企業利用のメリットも少な
くありません。イメージとしては個人の潜在力を
最大化するツールとしての note ですが、それは
法人利用でも同じことです。ただし、主に個人の
クリエイターが利用することを念頭に置いていた
note は、企業利用するには機能として十分では
ない部分もあります。例えば、企業の Web サイ
トでは当たり前となっている、アクセス解析の機
能がそうでしょう。

　note では、そうした法人による利用において
も十分な機能を提供するため、note pro をリリー

スしています。いうなればプロフェッショナル向けの note です。

　note pro では法人利用として有効活用することができる、テーマカラーやロゴの変更が可能となっています。また、独自ドメインを割り当てたり、より高度なアクセス解析として Google アナリティクスも利用することができるようになっています（オプション）。マーケティングには欠かせない、Instagram や YouTube と連携ができるのも、note pro の魅力でしょう。

　この章では、note pro の基本的な機能の説明と、実際に活用している企業のインタビューをお届けします。ぜひ、企業や団体で note pro を採用する際の参考としてください。（コグレ）

73

note pro とは
何か？

法人向けプラン

　note には「note pro」というプランが存在します。「pro」がつくから「note の機能がアップデートされたものかな？」と感じますが、それは 4 章 36 節で触れたプレミアム機能が該当します。それでは「note pro」って一体何なのでしょう？

　note pro とは、法人向けにつくられたプランで、簡単にオウンドメディアをはじめることができる有料プランのことです（月額税抜き 5 万円）。自分の会社のイメージに合わせたカスタマイズができ、レポーティング能力にも優れ、なかなか続けることが難しいメディア運営を続けやすくしてくれる特徴があります。すでに多くの人が利用する note という大きな街の中へ入っていけるので集客もしやすく、導入運営の個別サポート、note pro 利用法人向け勉強会、他の企業メディアの担当者とともに学び合えるコミュニティーの提供など運営側へのサポートが手厚く行われているのが特徴です。

　使い方やできることは、本書で説明してきた note の機能とほぼ一緒ですが、note と大きく違うのは、より自分たちらしくメニューやカラーをカスタマイズできること、独自ドメインを使用することができる点です。

note pro のはじめ方

　うちでもやってみようかな？

　そう思われた方は、https://start-pro.note.com から問い合わせし

てみてください。まったく知識がない、何を書いたらいいかわからない、どうしたらよい記事を書き続けられるんだろう、などたくさんの悩みをおもちの企業や団体でも、しっかりカウンセリングやサポートをしてもらえるので、note pro を使って簡単に自分たちらしいメディアを開設することができるでしょう。どうしても自分たちの手ではうまく運用できない人のために、導入・運用トレーニングもあり、編集パートナーの紹介制度などもありますので、編集・文章のプロたちと二人三脚で歩んでいくことも可能です（8章77節 KIRIN インタビュー参照）。また、地方でがんばる人たちのために質疑応答が可能なオンラインセミナーなども定期的に開催され、法人の note pro 活用事例などを知ることもできます。

公共・教育機関に無償提供

note pro は、公共・教育機関に無償提供されています。地方公共団体支援プログラム（都道府県、市町村、東京23区が対象）、学校支援プログラム（全国の小学校・中学校・高等学校・特別支援学校が対象）、文化施設支援プログラム（図書館、美術館、博物館、動物園、水族館、植物園、科学館が対象）の３つのプログラムがあり、情報発信を継続的にサポートしています。該当する団体でnote pro に興味のある人は相談してみてはどうでしょうか？

 誰もが届けたい情報を発信できるメディアになれる。そんな時代の強い味方に、note pro がなってくれるかもしれません。

74 魅力が伝わるように カスタマイズする

こだわりの自社仕様に

note pro の使い方は、ほぼ note と同じで至ってシンプル。とても使いやすくできていますが、大きく違う点は細かいデザインなどを自社仕様にカスタマイズすることができるということです。何ができるかというと、独自ドメインの使用、ロゴの変更、テーマカラーの変更、メニューカスタマイズ、他 SNS への誘導枠、外部リンク枠、サポートエリアのカスタマイズなど、変更できる幅が大きく広がっています。

独自ドメインを使用することで、さらにオウンドメディアとしてのブランディングを確立することができますし、一般ユーザーの場合はヘッダー左上に「note」のロゴが必ず入っていますが、note pro 利用者はこのロゴを自社のロゴへ変更することが可能です。このロゴを変更するだけで、オフィシャル感が強く出ると思います。また、地味なようで大きく違うのが、メニューがカスタマイズできるということ。フォロワー数の下あたりに表示されているメニューバーですが、このメニューのテキストも自由につくれますし、並びも好きに配置することができます。また、noteの認証マークも付与されますのでアカウントの信頼度もアップします。

テーマカラーも変更可能

デザインの印象を大きく左右するものの 1 つとして「色」がありますが、note はグリーンのイメージがとても強いですよね。

note pro では、そのグリーンのカラーで表示されている部分を好きな色に変更することができます。カラーピッカーを使って、6桁のカラーコードを入力して色を指定するので、かなり細かいニュアンスを出すことが可能です。また、男女問わず愛用者の多いSNSであるInstagram、YouTubeとの連携もnote proなら可能です。

独自ドメイン、ロゴ、テーマ
カラー、メニューなどをカス
タマイズできる

独自のロゴや、自社のテーマカラー、独自ドメインなどを使って、魅力を存分に伝えられるメディアを目指してみてください。

75 アナリティクスを 活用する

シンプルなページビュー数を知りたいときに

note でダッシュボードから確認することができる全体ビュー数は、記事ページに加え、記事がタイムラインなどの一覧ページに表示された回数も加算されたものであることは 6 章 58 節で説明しました。

一般的には全体ビュー数を見ていれば問題ないかと思いますが、企業が運営する Web サイトとなると、少し事情が違ってきます。シンプルに記事が読まれたページビューが知りたい、ページビューを運営の指標としたいという場合のほうが多いと思います。そのようなときに利用できるのが、note pro の「アナリティクス β」です。

note pro のダッシュボードからアナリティクス β にアクセスすることができます。アナリティクス β では一般的なページビュー数に加え、参照元（note.com や Google といった検索エンジンなど）、各記事のページビュー数がわかる他、スキ・コメントの数、読了率、スキ率といった note ならではの数字も確認することができます。

アナリティクス β のダッシュボードでは、日次、週次、月次で数値の推移を確認することができます。期間も過去 4 週間、過去 3 か月、過去 6 か月、さらにカスタムから選択可能です。

投稿一覧の数値は、CSV ファイル（テキストベースのデータ）としてダウンロードすることができますので、過去のデータとしてレポートに使用したり、残しておくことも簡単です。

投稿一覧をクリックすると、それぞれの記事に関してページ
ビュー数、スキ・コメント、読了率、スキ率、売上、参照元が表
示できます。

　note運用に関するより重要な指標を得たい場合には、note pro
で「アナリティクスβ」を利用するのがおすすめです。ただしベー
タ版であるため今後、基準が変わり数値に変化があるともされて
います。

　note proの「アナリティクスβ」で表示される数値はリアルタ
イムのものではなく、1日に数回更新されているものです。

アナリティクスβの読み方

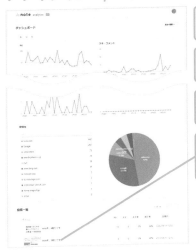

①クリエイターページ右上のプロ
フィールアイコンをクリック

②［アナリティクスβ］を
クリック

アナリティクスβが
表示された

［投稿一覧］で記事をクリックする
と、各記事の詳細なデータを確認
できる

アクセス解析はWebサイトの健康診断です。担当
者を決めて、継続して確認しましょう。書きっぱなし
ではもったいないですよ！

76

Google アナリティクスを
活用する

有料で使える Google アナリティクス

アクセス解析することは Web サイト運用の宝です。現在、ア
クセス解析のデファクトスタンダードは Google アナリティクス
といっても過言ではないでしょう。多くのサイトで Google アナ
リティクスが導入されていると思います。それだけ操作に慣れて
いる人が多いツールです。

note pro では独自の「アナリティクス β」としてアクセス解析
を利用できますが、そこから得られるデータだけでは物足りない
と考える人もいるはずです。そういう人のために、note pro の契
約とは別に Google アナリティクスが利用できる有料オプション
が用意されています。つまり Google アナリティクスを利用する
には、note pro の申し込みと独自ドメインの導入をしたうえで、
有料オプションに申し込む必要があります。有料オプションは月
額 1 万円（税別）となっています。

note pro では、Google アナリティクスのトラッキング ID（現
在は UA- からはじまるトラッキング ID にのみ対応）を設定する
ことができます。

詳細な利用方法は Web サイト（https://help.note.com/hc/ja/
articles/360000621662-Google）から参照することができますが、
大まかな手順としては次のようになります。

Google アナリティクスの設定方法

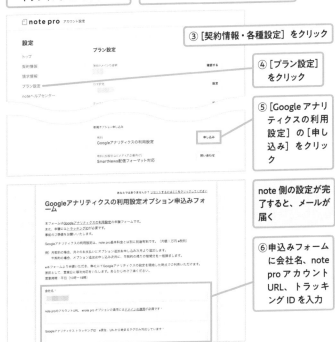

① Google アナリティクスから トラッキング ID を取得	② note pro のアカウントにログインし、 プロフィールアイコンをクリック

③ [契約情報・各種設定] をクリック

④ [プラン設定] をクリック

⑤ [Google アナリティクスの利用設定] の [申し込み] をクリック

note 側の設定が完了すると、メールが届く

⑥申込みフォームに会社名、note pro アカウント URL、トラッキング ID を入力

　Google アナリティクスから note pro で運用しているサイトの詳細なアクセス解析ができるようになると、普段から Google アナリティクスを使用している人の利便性が高まるだけでなく、詳細なアクセス解析から運用のアドバンテージも得られます。

Google アナリティクスを利用している法人は多いはず。note のアクセス解析にも慣れたツールを導入するのがわかりやすいですね。

77 クリエイター同士が共鳴し、発話する広場をつくりたい

2019 年 4 月にスタートした KIRIN の公式 note。多彩な企画を開催するなど読者とのインタラクティブなやりとりが印象的だ。どのように活用・運営しているのか、担当のキリンホールディングス・平山高敏さんに聞いた。

note なら素直に伝えられる

ぼく自身が個人として note を使っていたことも大きいですね。どうしても企業からの発信は、キャンペーンや広告を打って、お客様にベネフィットを与えるメッセージが強くなります。noteであれば「私たちはこういうことを考えています」という思想を伝えられると思いました。例えば、お酒のつくり手さんの思いを伝えていく。企業サイトではなかなか届けられない思いも、noteであればもっと素直に伝えられるんじゃないか。そんな可能性を感じました。また運営は外部パートナーさんと二人三脚で行っています。自分たちが企画の中心になって運営するほうが伝わるな、と感じています。

社内体制は 1 人

外部パートナーさんと協力し合っていますが、更新はぼく 1 人で行っていて、更新頻度は週に何回など具体的には決めていません。いまは投稿コンテストのピックアップを含め、月に 2 〜 3 本です。

ぼくは前職の『ことりっぷ』でコンテンツ企画や SNS 戦略などを手がけてきたので、note を書くときはそのときの執筆や編

集経験が生きています。2年前にキリンに転職しましたが、外から来た人間だからこそ、面白い社員や魅力的なプロジェクトなど、キリンにはいい資産があることに気づくことができているのかな、と感じています。

小さくはじめて社内を巻き込む

もともと最初に開催した投稿コンテスト「#社会人1年目の私へ」は、企業好意向上を目指し、企業全体のブランディングを担うブランド戦略部からの依頼だったんです。「社会人1年目の方たちを応援する場としてnoteという選択肢がありますよ」と提案したことがきっかけです。大々的にアカウントを立ち上げるというよりは、社内の小さな声を拾い上げて答えることがスタートでした。

実際にやってみたら「#社会人1年目の私へ」が話題になったこともあり、社内からこんなことをやりたいというオファーも多く、実際にいくつか動き出しています。

コンテストの手応え

すごくいいですね。最初のコンテストのテーマを、ビールとはまったく関係のない「#社会人1年目の私へ」にできたこともよかったと思います。より広い層の方々が興味をもって書いてくださいま

次のページに続く ▶

した。「#あの夏に乾杯」「#また乾杯しよう」も、ビールとは関係ない投稿がたくさんあって面白かったです。

パートナー、サポーター、ファン

noteの読者ターゲットは、20代の女性、とか、ビールが好き、とかいわゆる「属性」ではとらえていません。ぼくはこのnoteのターゲットを、パートナーとサポーターとファンの3つに分類しています。

「パートナー」は、私たちと同じ視座をもって一緒にコンテンツをつくっていける人。私たちから依頼するというよりは、彼ら彼女らの活動の中にキリンがあるというイメージです。インフルエンサーではなく、あくまでパートナー。今後、noteのコンテンツづくりをパートナーと組んでやっていきたいと企んでいます。

「サポーター」は、私たちのnoteを読んでいいなと思うものを外に向けて発信してくれる人。そして「ファン」は、投稿コンテストを含め、私たちのnoteを面白がって読んでくれる人。それぞれのターゲット層に関して、あらゆる施策が必要だと思っています。

心がけていることと今後のテーマ

キリンは、クラフトビールにも力を入れていて、地方のホップ農家さんとコラボレーションしたビールもつくっています。日本の地域のスターとなる食材に光を当てて、新しい提案もしています。noteでも日本の食材やつくり手にスポットを当てて、キリンビールではなく、つくり手の人たちを主語にしたコンテンツの発信もしていきたいと思っています。

noteでは読者との距離感がより重要だと思うので、温度感を大事にし、自分たちの言葉で語ることを意識して運営しています。

あくまでnoteはクリエイターの皆さんが自ら発話する場だと思うので、ぼくたちの発信を受け取ってもらうだけでなく、共鳴し発話してもらうことが1つのゴールだと考えています。

　noteが1つの街であるならば、ぼくたちは広場をつくりたい。テーマは「クラフトビール」だったり「社会人1年目」だったりさまざまですが、いろいろな露店に人々が集まって、その場で自ら遊びはじめてくれたら素敵だなと思っています。

　キリンのミッションは「こころ豊かな社会の実現に貢献すること」です。目先の利益に走らず、noteを通じて同じ目標に向かって走る人たちとの輪を広げていきたいです。

KIRIN

KIRIN 公式アカウントです。フォローは20歳以上の方限定です。20歳未満の方の共有はご遠慮ください。※ストップ！未成年者飲酒・飲酒運転。お酒は楽しく適量で。妊娠中・授乳期の飲酒はやめましょう。

https://note-kirinbrewery.kirin.co.jp/

78 会社のカルチャーを 正しく発信すること

Webマーケティングメディア「ferret（フェレット）」で知られるベーシックは、認知度向上をねらいnoteをはじめたという。執行役員の角田剛史さんと採用広報チームの甲斐雅之さんにその効果を聞いた。

会社の実際の姿をnoteとTwitterで発信

角田 もともとは採用広報に力を入れるためにはじめました。ベーシックの場合「ferret」や「formrun（フォームラン）」といったサービスは知られていますが「ベーシック」という社名はそれほど知られていない。また入社しても結果的に会社のカルチャーに合わず、社員が離れてしまうことも少なくありませんでした。そこで会社の認知を拡大しつつ、社員の実際の姿を発信することでカルチャーにも合った人に入ってもらうため、Twitterと組み合わせてnoteをはじめました。

甲斐 noteのメリットは記事の入稿も管理もしやすいということ。

システムの保守管理はnote側にすべてお任せできるので、私たちは「書くこと」に集中できます。入稿作業や権限の設定が複雑になるシステムを構築せずに、入稿のみで公開作業が完結するプラットフォームを検討していたのも、そういった点が理由でした。

更新はチーム制で

角田 最初に2つのチームを立ち上げました。1つが採用広報のプロジェクトチーム、もう1つがnote用のバーチャル編集部です。編集部はプロジェクトチームの戦略や記事方針に沿って「誰が書くか」やスケジュールを決め、編集などのバックアップをする役割です。編集の知識やnoteのカルチャーを理解しているメンバーに兼務してもらい、しっかりコミットできる人を集めました。

甲斐 誰しも最初の発信は勇気がいります。まずは編集部が1本目の質を担保してあげることで、発信者に安心感を与えることをもっとも意識しました。とはいえ、執筆の強制はぼく自身もされると嫌なことなので、極力避けるよう心掛けました。当人がやりたくてやる、ということを後押しすることに徹しました。

note を書きたくなる雰囲気のつくり方

角田 ただし、強制はしないけどムーブメントを「けしかける」ことは常に意識しています。たとえば、全社会議では役員が採用広報の具体的な効果を共有しています。また、Twitterでベーシックについてツイートされた内容を、キーワードでキャッチして社内のチャットツールに自動的に共有される仕組みにしています。

著名なインフルエンサーが「ベーシックすごい」とつぶやいてくれたことも即座に可視化され、社員の目に触

次のページに続く ▶

れるようになり「自分も情報発信をしてみようかな」という空気がつくられていきます。

甲斐「書くとよいことがあるよ、自己肯定感も上がるよ」というのを自分でも実践しつつ、うまく社内に共有しています。

noteをはじめて変わったこと

甲斐「何でも書いていい」と言いつつも、人によっては筆が進まない場合も多いです。そこで編集部と協力して社員各自の気づき、感想を伝えやすい雰囲気をつくるようにしました。とはいえ当初は書きはじめるまでに数か月かかったり、誤字脱字や構成面での戻しが多かったりして、公開まで時間をかけてしまうこともよくありました。でも、掲載後に口コミやSNSシェアを見つけて本人に伝えると「たくさんの反応をいただけて、公開できてよかったよね」と温かい雰囲気になるんですね。

角田 当初の目的だった採用広報には直接的に効果がありました。結果的には直応募のみならず、リファラル採用（紹介や推薦）も増えましたね。また応募後の内定承諾率は9割以上に高まりました。noteのおかげで会社のカルチャーを候補者に正しく伝えられるようになったからだと思います。

今後の取り組み

角田 採用広報でしっかり成果が出ているので、基本的にはこのままの路線で発信を続けていきたいです。noteを通じて自分た

ちの活動を発信することが世の中の人の役に立ち、社外から認められるきっかけにもなり、社員の満足感も高まることを実感しています。自分たちの行動次第でファンも増えるし、自らもより会社を好きになっていく、このサイクルを続けていきたいです。

甲斐 事業にもよい影響が出ています。note を読んでくれたことをきっかけに弊社のサービス「formrun（フォームラン）」のお客様になってくれた企業も多数あります。最近では「ベーシックもよい会社だし、その会社が運営している formrun もよいサービスだよね」という言葉をいただく機会も増え、会社とサービス双方のファンになってくれる方が増え続けているのを感じています。

note pro をはじめたい企業にメッセージ

角田 経営陣や役員など、ビジョンを語れる人間をいかに巻き込めるかが重要だと思います。そのほうが会社としての考えがより正しく伝わるという点でもそうですし、なにより率先垂範が重要だと考えているからです。そのうえでいかに継続的に盛り上がる仕組みをつくることができるかが大事です。プロジェクトチームはがんばっているけれど、他の社員はついてこなかったり疲弊しているというのは往々にしてあることです。成果をしっかりと見える化し、適切な場で社員に共有し続けるとともに、現場が楽しみながら取り組める雰囲気をつくっていけるかが重要だと考えます。

basic

ベーシックの note
Web マーケティングメディア『ferret』、オールインワン型 BtoB マーケティングツール『ferret One』、フォーム作成管理サービス『formrun』を運営するベーシック社員が「大事にしている考え方」を誰でも気軽に読める場として、日々発信していきます。
https://note.basicinc.jp/

79 小さな会社で「武器」として使う note

兵庫県明石市のライツ社は 2016 年創業の新しい出版社だ。社員 6 人でヒット作を送り出し注目を集めている。出版と note でどんなシナジーを生み出しているのか、代表取締役・編集長の大塚啓志郎さんに聞いた。

note の存在感が信頼につながる

オンラインでがんばっているのは Twitter と note です。Twitter は、弊社のある兵庫県明石市にちなんでタコのアイコンをあしらっているのと、関西弁を使っていることが特徴で、皆さんに楽しんでもらえたらいいなと思っています。

note はライツ社を立ち上げたあと、少ししてからはじめました。創業したてのまだ信頼感のない出版社でも、新しくライターやデザイナーに声をかけるときに note で存在感があれば「知っています」と言ってもらえます。クリエイターにリーチできることが、すごく大きいと思います。

ライツ社は新しくて、歴史がなくて、遠いところにある出版社。ですからコンテンツもないし、東京から遠いので読者との接点も少ない。そういう場合に、どうやって自分たちの存在を世の中に知ってもらうか考えた結果が note でした。自分たちの SNS のフォロワーが少なくても、note ならたくさんの人に届けることができます。

note はほぼ 1 人が書いている

ライツ社は 6 人の社員のうち私も含め 3 人が編集担当です。私

が note を書くこともありますが、1 人の編集者がほぼ 1 人で note を書いています。むしろ note を書くことが仕事みたいな感じになっていて、他の仕事が 3 割、note が 7 割くらいです。

出版業界のニュースを発信

　まだ出版点数も少ないので、リリースすることもそれほどない。つまり結果的に自分たちのことをあまり書いていないのですが、だからこそ私たちが一番力を入れているのが「出版業界紙」。『明るい出版業界紙（β）on note』というタイトルで発信しています。

　出版業界は不況だとよくニュースでいわれますが、実はいいニュースもたくさんあります。たとえば『新文化』（新文化通信社）、『文化通信』（文化通信社）という出版業界紙には、よいニュースや明るいニュースもたくさん載っている。でもそういったニュースは一般の方には知られていません。

　暗いニュースばかりだと、新しく出版業界に関わろうとする人が増えませんし、本が好きだと言いにくい感じになっていきます。自分たちがすごく小さな存在になっていくのが嫌だったので、よいニュースを届けようと出版業界紙をはじめました。

つくり手と生活者を結ぶ未来の姿

　出版業界紙をつくっていると、すごく手応えがあります。ついこの間、ライツ社にはじめて他社からのリリースが届きました。

次のページに続く

また、業界紙をやることで「ライツ社はこういうところに興味があって取材しているんだな」と受け取ってもらえます。他の方の宣伝になることをしているのですが、自分たちの興味・関心があることを伝えられますし、結果として私たちのことを知ってもらうきっかけになっていると思います。

　一方で、他の業界で「note で業界紙をやっています」とあまり聞いたことがありません。いろいろな業界の業界紙が note で読めたら、もっとつくり手と生活者を結べるんじゃないかな、それをたくさん見られたらいいな、と思います。

レシピ本の全文公開も

　2020 年、本山尚義さんの『全 196 ヵ国おうちで作れる世界のレシピ』(以下、世界のレシピ)の全文 PDF を note で公開しました。新型コロナウイルスによるステイホーム中の出来事です。書店が閉まるかもしれない、自分たちの本が売れないかもしれないという不安の中、「これがあればステイホーム中でも家で世界中の料理が楽しめる」と『世界のレシピ』は Twitter でバズが起きていました。それを見て著者と話し合い、公開を決めました。

　実際に note で全文公開すると、多くの人がシェアしてくれました（2021 年 2 月現在「4,465 スキ」）。記事がダイレクトに読者に伝わって、そのまま読めるのでスピード感が全然違いますね。だからこそ本当に必要なときに跳ねるんだろうなと実感しました。実は周りからは「全文公開で、しかも PDF そのままで大丈夫？」と心配されましたが、新聞社や Web メディア、テレビ局など多くのメディアが取材にきてくれて、紙の本も 2 回重版できました。ドタバタでしたが、すごい体験でした。

note は素直に書ける

「素直に書く」ということが note はできます。取材だと型にはまっていたり、ちょっとかっこつけた紹介の仕方をしないといけませんが、note は基本的に等身大で書ける。だからこそ伝わる記事が書けると思います。（会社としてではなく）個人で書くということは、すごく意識しています。

私たちは本当に小さくて、地方の端っこにいる出版社ですが、note やいろいろな人の力を借りたら、こんな私たちでも「まあ、生きていけるんやで」ということが伝えられていたらいいなと思います。それと「こんな私たちでもできるんやったらやってみようかな」と思う人が1人でもいてくれたらうれしいなと思います。

.write
right
light
ライツ社

ライツ社
2016 年創業。海とタコと本のまち「兵庫県明石市」の出版社です。writes.right.light「書く力で、まっすぐに、照らす」を合言葉に、ジャンルにとらわれず本をつくっています。
https://note.wrl.co.jp/

Q note pro のアカウントは、複数 ID で管理することはできるの?

A 1つの ID とパスワードで管理しましょう

　現在の note pro アカウントは、1つのアカウントに対して、1つの ID とパスワードで管理する仕様となっています。残念ながら複数 ID で管理することはできません。

　社内で note pro を運用する場合は、1人ですべてを管理することはまれでしょう。複数人で運用されることは妥当だと思います。そうした場合に、複数アカウントの運用はニーズがありそうです。ここは、サービスの改善を待ちたいところですね。

おわりに

note の本、いかがだったでしょうか？　note はシンプルなサービスだから、本1冊になるほど書くことはないのではないか……と思った人もいるでしょうし、著者陣も2年前の企画立ち上げ時には最初はそう思っていました。しかし、調べれば調べるほど「おやおや、こんな使い方ができたんですね！」ということは増えていきました。

あれから2年が経過し、本書も数多くの方に手にとっていただくことができました。その間に、note も多くのバージョンアップを重ねました。当時と大きく違うのは、note pro が登場したことでしょう。note は個人向けのブログサービスのように最初は受け止められましたが、書くことに専念できるツールとして、それが思いを伝えるツールとなって、個人だけでなく、企業でも使われるように成長、進化しました。

表面的には非常にシンプルでとっつきやすく、しかし使いこなしていくとさまざまな設定や課金までできてしまう奥深いサービス、それが note です。入口はシンプルなのだけど、入っていくと奥が深いというのは、サービスの設計としても実に妙味がありますし、企業での使用にも耐えうる CMS（コンテンツ管理システム）として進化もしました。

改訂前の「あとがき」では次のように書いていました。

—— note の関係者が「note は街である」「その街をよくしていきたい」という趣旨の発言をされているのをよく見かけます。創業者である加藤貞顕さんが note に込めた思い、そのスピリットが受け継がれているのだと思いますが、note という街が将来に

わたって発展していくよう、うまい都市計画がなされているのだな、とあらためて感じ入る執筆となりました。——

　今回、改訂版を執筆するにあたり、まさにこの都市計画が大きく進んでいることを確認することになりました。もちろん都市計画ですから、スクラップ＆ビルドもあることでしょう。しかし、着実に note という街は広がり続けているようです。

　本書も note の都市計画に従い、note の街を探検するマニュアル、はじめての冒険の書として、入口はできるだけわかりやすく簡潔に執筆したつもりです。読み進めると、note の奥深さにも気づいてもらえるのではないでしょうか。

　多くの人が 140 文字で満足する時代に、あえて 500 文字も 1,000 文字も書くというのはある意味では奇特なことかもしれません。しかし書かずにはおられない人というのは、いつの時代にも存在しているものです。そして、その人たちに向けて「note という自由に書けるノートのような真っ白なサービスがあるんだよ！」ということを伝えられたなら、これほどうれしいことはありません。

　短かろうが長かろうが、何かを書き続けるということは、簡単なことではありません。スマートフォンやパソコンに向かい「さて、何を書こうかな……」と考えるのは、あなただけではありません。そういう人は多くいます。だから安心してください。思ったことをスラスラと書けるようになるには時間がかかりますし、もしかするとずっと生みの苦しみのようなものは続くかもしれません。でも書けなくなって note をやめてしまうのももったいないことだと思うのです（お休みすることはあると思いますが）。

　だから、本書では、できるだけ note を書き続けられるような

アイデアも盛り込みましたし、生みの苦しみを軽減するようなアイデアもお伝えしたいことでした。インターネットでの情報発信を 10 年も 20 年も続けている著者 2 人のノウハウを思い切り詰め込んだつもりです。書き続けるためのテクニックとして、こちらも参考になっていたらうれしいです。

　とにかく書くこと、書くことでインターネットに存在すること、そして書き続けることで存在感が増していくことが、note のみならず、インターネットでの作法として大事なことだと考えています。note の本ではありますが、インターネットで大事なことも書いています。

　最後になりますが、本書を改訂するにあたりインタビューやスクリーンショットでご協力いただいた note クリエイターの皆様、質問に快く回答してくださった note 株式会社の皆様、そして執筆陣の手綱を上手に操り、見事に改訂作業を終えさせてくれた編集者のワタナベ氏に感謝いたします。

　最後にもう 1 つだけ。繰り返しになりますが、この本に書いていることはヒントであってこれがすべてではありません。正解はnote クリエイターの数だけあります。ぜひ本書をステップにして、皆さんの note の書き方、情報発信の仕方を探し出してみてください。

　note は書き手のことを「クリエイター」と呼びます。note にユーザー登録し、文字を書き進めたなら、あなたも今日から「noteクリエイター」です！　素敵なクリエイターライフを送れますように！

2021 年 3 月　コグレマサト

読者アンケートにご協力ください!

　このたびは「できるビジネスシリーズ」をご購入いただき、ありがとうございます。本書はWebサイトにおいて皆さまのご意見・ご感想を承っております。気になったことやお気に召さなかった点、役に立った点など、皆さまからのご意見・ご感想を聞かせていただければ幸いです。今後の商品企画・制作に生かしていきたいと考えています。

　お手数ですが以下の方法で読者アンケートにご回答ください。

【書籍ページのURL】
https://book.impress.co.jp/books/1120101123

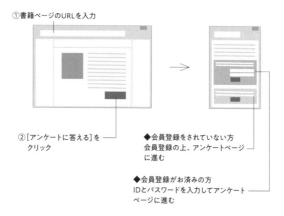

①書籍ページのURLを入力

②[アンケートに答える]を
クリック

◆会員登録をされていない方
会員登録の上、アンケートページ
に進む

◆会員登録がお済みの方
IDとパスワードを入力してアンケート
ページに進む

■著者

コグレマサト

『ネタフル』管理人。アルファブロガー2004／2006、アルバータ州ソーシャルメディア観光大使。カルガリー名誉市民。HHKBエバンジェリスト。ScanSnapプレミアムアンバサダー。チェコ親善アンバサダー。プロダクトデザイナー（かわるビジネスリュック／旅ストラップ）。

ネタフル https://netafull.net/

まつゆう*

クリエイティブ・プランナー／ブロガー。モデルとして1993年より活動開始。1998年から独自の"可愛いカルチャー"情報をウェブで発信。影響力の強いブロガーとして数多くのブランドをクライアントに持ち、WEB、ブログやSNS、TV MCや雑誌など多方面のメディアで活躍中。

まつゆう*公式サイト https://www.matsuyou.jp

STAFF

カバー・本文デザイン	萩原弦一郎（256）
本文イラスト	加納徳博
DTP制作／編集協力	株式会社トップスタジオ
デザイン制作室	今津幸弘<imazu@impress.co.jp>
	鈴木 薫<suzu-kao@impress.co.jp>
編集	渡辺彩子<watanabe-ay@impress.co.jp>
編集長	柳沼俊宏<yaginuma@impress.co.jp>

■ 商品に関する問い合わせ先
インプレスブックスのお問い合わせフォームより入力してください。
https://book.impress.co.jp/info/
上記フォームがご利用頂けない場合のメールでの問い合わせ先
info@impress.co.jp
●本書の内容に関するご質問は、お問い合わせフォーム、メールまたは封書にて書名・ISBN・お名前・電話
番号と該当するページや具体的な質問内容、お使いの動作環境などを明記のうえ、お問い合わせください。
●電話やFAX等でのご質問には対応しておりません。なお、本書の範囲を超える質問に関しましてはお答え
できませんのでご了承ください。
●インプレスブックス（https://book.impress.co.jp/）では、本書を含めインプレスの出版物に関するサポー
ト情報などを提供しておりますのでそちらもご覧ください。
●該当書籍の奥付に記載されている初版発行日から3年が経過した場合、もしくは該当書籍で紹介している
製品やサービスについて提供会社によるサポートが終了した場合は、ご質問にお答えしかねる場合があり
ます。

■ 落丁・乱丁本などの問い合わせ先
TEL 03-6837-5016 FAX 03-6837-5023
service@impress.co.jp
（受付時間／10:00-12:00、13:00-17:30 土日・祝祭日を除く）
●古書店で購入されたものについてはお取り替えできません。

■ 書店／販売店の窓口
株式会社インプレス 受注センター
TEL 048-449-8040
FAX 048-449-8041
株式会社インプレス 出版営業部
TEL 03-6837-4635

noteではじめる 新しいアウトプットの教室
楽しく続けるクリエイター生活 改訂版
（できるビジネス）

2021年4月21日 初版発行

著　者　コグレマサト・まつゆう*

発行人　小川 亨

編集人　高橋隆志

発行所　株式会社インプレス
〒101-0051　東京都千代田区神田神保町一丁目105番地
ホームページ　https://book.impress.co.jp/

印刷所　株式会社廣済堂
ISBN978-4-295-01127-9　C0030

Printed in Japan